点亮心灯，照亮多彩人生

——助力工作室发展，实现班主任专业化成长

韩明月 编著

延边大学出版社

图书在版编目（ＣＩＰ）数据

点亮心灯，照亮多彩人生：助力工作室发展，实现班主任专业化成长 / 韩明月编著. -- 延吉：延边大学出版社，2022.8
ISBN 978-7-230-03600-9

Ⅰ．①点… Ⅱ．①韩… Ⅲ．①中学－班主任工作 Ⅳ．①G635.16

中国版本图书馆 CIP 数据核字（2022）第 148387 号

点亮心灯，照亮多彩人生：助力工作室发展，实现班主任专业化成长

著　　者：	韩明月		
责任编辑：	李鹏飞		
封面设计：	姬　玲		
出版发行：	延边大学出版社		
社　　址：	吉林省延吉市公园路 977 号	邮　　编：	133002
网　　址：	http://www.ydcbs.com	E-mail：	ydcbs@ydcbs.com
电　　话：	0433-2732435	传　　真：	0433-2732434
印　　刷：	天津市天玺印务有限公司		
开　　本：	787 毫米×1092 毫米 1/16		
字　　数：	247 千字		
印　　张：	13.5		
版　　次：	2022 年 8 月第 1 版		
印　　次：	2024 年 3 月第 2 次印刷		
书　　号：	ISBN 978-7-230-03600-9		

定　　价：68.00 元

序 言

萌 芽

韩明月

我愿做一粒教育的种子

深深植根于师生土壤

让师德来灌溉

用专业来培育

愿终破土而出

与同行人共沐阳光

照亮师生多彩人生

目 录

上篇：班主任专业成长 1

第一章 班主任的成长之路 3

点亮心灯，照亮多彩人生 3

每一个生命都需要爱的浇灌 6

求"真"逐梦，花开向未来 9

最是真爱能致远,不忘当初育人心 12

爱和责任同行，"三有"更加精彩 15

步履不停息，逐梦向未来 19

第二章 主题班会设计 22

青年有为国恒强 22

追寻红色足迹，争做时代新人 26

赓续红色精神，争做时代好少年 31

拼一月不遗余力，搏一个无怨无悔 35

第三章 经典案例分析 38

因年轻被质疑，须专业且用心 38

关注心理健康，关爱学生成长 48

生活习惯酿风波 52

劳动教育，让学生发现另一个自己 64

第四章　教育故事随笔 ... 83

老师，我会看病了 ... 83
让每个学生成为班级的"VIP" ... 87
不和学生较劲，学会等待 ... 90
用温柔等待一棵开花的树 ... 92
不该忽略的"认真" ... 94
静悄悄地改变 ... 96
小小乒乓球，大大地改变 ... 99
老师，你为什么"泄密" ... 101
揭开课堂"捧哏"的神秘面纱 ... 107
教室里的零和博弈 ... 111
成人礼风波 ... 116
细节决定成败 ... 119
今天，我发火了 ... 121
随身带个小"相机" ... 123
一场特殊的演唱会 ... 125
小盲盒　大魔力 ... 128
一套失而复得的资料书 ... 130
写给美绘六班的孩子们 ... 132
致我爱的每一个孩子 ... 134
批评的三重境界 ... 138
一样的爱，不一样的体验 ... 141
由孩子们的"慢回复"引发的教育思考 ... 143
换你心，为我心，始知误会深 ... 145
春分，泥土话劳动教育 ... 147
追忆春游往事，闲谈劳动教育 ... 149

面带微笑，春暖花开 151
　　那个听话的小暖男哪里去了？ 153
　　烹饪教师眼中的教育 155

下篇：名班主任工作室建设 157

第五章　名班主任工作室建设纪实 159

　　河南省韩明月名班主任工作室成员选聘实施方案 159
　　众心如城，走向诗和远方 161
　　冬日初阳照明月，众心如城待迎检 163
　　越过山丘 有人等候 168
　　足履实地，花开芬芳 171

第六章　成员心语 177

　　2021，不念过往，不畏将来 177
　　成长，惊喜，祝福 180
　　成长之美 182
　　在路上 184
　　读懂他人 读懂学生 读懂自己 186
　　走一步，再走一步 188
　　感恩"明月"，助我成长 190
　　新年，新生 193

附：写给孩子们的书信 195

　　给亲爱的同学们的一封信 195
　　一封家书 197

一切都会好起来的 ………………………………… 199
从今开始心中又多了一个你 …………………… 201
宝剑锋从磨砺出 ………………………………… 204
坚定选择，拼搏过一生 ………………………… 205

上篇 班主任专业成长

班主任专业化之序

　　班主任工作是一门学问。班主任专业化，并不意味着其工作岗位的专门化。班主任专业化不仅是知识层面的专业化，不仅是简单的阅历积累、经验累加，更是班主任通过自身反复实践总结和提炼升华，努力创新，从而实现自身全方位的专业化。本部分主要通过班主任的成长之路、主题班会设计、经典案例分析、教育故事随笔等部分来展现一线班主任的专业成长之路。

第一章　班主任的成长之路

班主任的成长之路，体现了班主任的教学理念在不同阶段的表现形式，重在表现班主任工作的阶段性，最终使班主任形成自己的带班育人理念。

点亮心灯，照亮多彩人生

河南省洛阳市第九中学　韩明月

我是一个很幸运的人，从小学到大学，总能遇见最优秀的老师。他们不仅让我坚定了"有爱才有教育"的教学理念，更让我在遇到困难时不低头，取得成绩时不自满。自参加工作以来，我一直担任班主任工作。希望我对教育的热爱和对师德的传承能化作一缕缕清风，让孩子们更好地成长！

以爱之名，收获成长喜悦

工作之初，我怀着满腔的热情，用心地做好自己的工作。所谓用"心"，主要包括三个方面：爱心、耐心、责任心。苏联教育家苏霍姆林斯基说过，没有爱就没有教育。我曾在一本教育杂志上见过这样一句话：

"如果没有爱，那么教育还没开始，就结束了。"我认为爱是教育的基础。

2015 届毕业生小辉同学，起初是一名不守纪律，甚至被多次批评的后进生。后来我了解到他来自离异家庭，小时候一直跟着父亲生活，缺乏关爱，性格叛逆。了解到这些情况后，我更多的是心疼、怜爱，告诉自己坚决不能放弃他！从那以后，我一有机会便找他谈心，耐心地辅导他，每天晚自习的时候我都会专门提问他当天所学的知识，直到他学会、记住。在那一段时间里，他因为基础差、学不会而苦恼过，甚至想要放弃，但我每次都在他灰心的时候鼓励他、激励他！一年下来，他的成绩有了很大提高。在这个过程中，最让我高兴的不是成绩本身，而是他的学习态度更加积极，并养成了良好的学习习惯。直至顺利毕业后，他还常跟我联系，感念我当年的教诲。作为班主任，我们要将爱心倾注在学生身上，耐心地教育学生，努力守护学生健康成长。

学无止境，助力自我成长

虽说初当班主任小有成绩，年年都是学校优秀教师，但我也经常有许多无奈。比如，班级里一些同学时不时地违纪，个别学生纪律涣散。对此，我进行了深刻的反思，并总结出以下两点：一是要坚持"严有威，爱有度"的带班思路，设规矩，定纪律，严而有威不骄横，爱而有度不放纵；二是要坚持学无止境，不断提高课堂教学质量，认真研究课题，提升个人教学水平，加强班级日常管理。

尽管班级管理与课堂教学分属两个方面，但我认为它们是相辅相成的。作为班主任，课讲得棒，学生爱学、爱听，学得会、听得懂，就会赢得学生的信任，从而有助于班级管理。因此，我特别注重提高自己的课堂教学能力和专业水平，积极参加省市教研部门组织的各项活动，并取得了优异的成绩。特别幸运的是，我曾先后在洛阳市 2018 年高三一轮政治复习研讨会和 2019 年高一政治教研会中讲了两次示范课，得到了与会教师的一致好评！我所带的班级的成绩一直很好，同学们也为他们的成绩自豪！

此外，我还不断钻研有关班主任专业成长的书籍，参加家庭教育培训、生涯教育培训，并自学了心理学课程。通过不断学习和对班级管理模式及家校联合模式的多年研究，我顺利地完成了市级课题《艺术类高中班级管理方式的探索及实践》；通过多方考核，我先后获得家庭教育指导师证书、青少年生涯发展指导师证书,并在繁忙的工作之外取得了国家心理咨询师证书。它们不仅仅是一张张证书,是我作为一名班主任专业能力得到迅速提高的见证,还是我更好地完成班主任工作的优势。

点亮心灯,照亮多彩人生

我愿做一粒教育的种子,用师德来灌溉,用专业来培育,愿它破土而出,如江上之清风与山间之明月,为我的学生带来些许诗意。

2019届毕业生中有个叫小兰的女孩儿,高一的时候,在一节自习课上,我发现她竟然用小刀划自己的手腕!一道道刀印,虽然不深,但也足够触目惊心。根据自己掌握的心理学知识,我怀疑她得了抑郁症,就急忙联系其家长。在家长那里我了解到孩子有既往病史。于是,我用自己的心理学知识教她放平心态,告诉她这跟发烧感冒一样,是一种病,但能治,不要有心理负担!这个孩子在家休整了近三个月。在这期间,我和她的家长每星期至少沟通两次,了解孩子的情况,并提供一些合理化的建议。经过一段时间的调整,她终于重返校园。我发现她在绘画领域有灵气,便以此为突破口夸赞她。最终在2019年的高考中,她通过了美术专业课的考试,顺利地进入了理想的大学!

德国著名哲学家雅思贝尔斯说过:教育的本质就是一棵树摇动另一棵树,一朵云推动另一朵云,一个灵魂召唤另一个灵魂。它没有声响,它只是让走在前面的人,做好自己的事,走好自己的路,然后,任由改变自然发生!希望我们都能培育好一棵棵小树,同时也能让自己长成一棵大树!

(本文系第三届河南省中小学班主任基本功展示活动参赛作品)

每一个生命都需要爱的浇灌

河南省洛阳市第十五中学　　李芳芳

光阴似箭，岁月如梭。从 2014 年参加工作到现在，我已在教育一线工作 7 年了。在这 7 年里，大部分时间我都在当班主任。诚然，当班主任需要付出大量的时间和精力，但是和"能见证孩子的成长"相比，苦点儿、累点儿，又有什么关系呢？在成长之路上，每一个孩子都需要班主任用心呵护，付出真爱！

初出茅庐，生命教育认识不足

还记得 2014 年刚上班，我毫无准备地接了一个已经换了三位班主任的毕业班。刚进班就听见班里的男生说："又来一位女老师，哈哈！"女生则灰心失望，说："我们班算完了。"就连搭班老师也说这群男孩子实在是软硬不吃，不仅抱团不学习，还抱团找事儿。为此，我时刻叮嘱自己必须对他们凶一点儿、严一点儿。可是，这群男孩子不吃这套，他们继续迟到、上课说话、不写作业，甚至集体"逃课"，天天不"安生"。我每天都在处理这些琐事，疲惫不堪，家长们也都束手无策。孩子们为什么油盐不进呢？现在想想，我当时哪里看得到孩子们的生命之美，分明是把他们当成了"天敌"。谁愿意每天和板着脸的"凶神恶煞"的老师成为队友呢？生命是平等的，尊重是相互的，我需要加深对教育的认识。

潜心学习，慢慢走近学生

如何走进学生心里呢？迷茫中，我开始潜心学习，大量阅读有关班主任专业成长的书籍。我从书中找到了答案——走进学生的心里，需要真心为他们着想。学生苦于不会高效利用时间，我就采用教育改革家魏书生先生的做法，带着他们天天坚持，陪着他们一步步成长，最终孩子们的成绩得到了提高，都露出了开心的笑容；违纪学生苦于我的"咄咄逼人"不敢和我沟通，我知道后，一改过去严厉训斥违纪学生的风格，用美国教育家简·尼尔森《正面管教》中的"非暴力沟通"的方式，试着对学生说些积极的话语，我发现学生越来越愿意和我沟通，越来越理解我的良苦用心，师生关系更好了。"关系"好了，他们也就愿意参加班级活动了。慢慢地，他们对班级的感情深了，违纪现象也少了，班级的风气变好了！我渐渐感受到了近距离接触学生的美好！

凭着"用心管理，对每一个学生负责"的班级管理理念，我又接手了新的班级——高一2班。刚接班，我就让生活委员认真地统计每一名学生的生日。等到了学生生日当天，全班学生齐唱生日快乐歌为她（他）庆生，我还会为他们准备鸡蛋和应季水果；冬至时，我们一起包饺子，一起享受劳动成果。作为高一2班的一分子，看到孩子们开心的样子，我也开心得像个孩子。通过师生的共同努力，班级在校园文化艺术节、田径运动会和诗歌朗诵比赛中多次获得优秀组织奖。2017年5月，班级被评为洛阳市"五四红旗"团支部，我本人也获得"局级模范工作者"的荣誉称号。

遗憾的是，2017年9月，我开始休产假，未能把这一届学生带到毕业。但孩子们与我的关系并没有因此而疏远，他们给我写的祝福语，字里行间流露出对我的敬意。更让我感动的是，成人礼时，陈阳的家长有事未能出席，她执意让我代表她的家长陪她走过成人门，我何德何能呀！孩子是最纯真的，你对她的好她都记得。带着孩子们沉甸甸的祝福，我更坚定了"用爱浇灌每一个生命"的信念。

俯下身子，倾听学生的声音

当班主任这几年，我关心更多的是集体生活，我曾与学生认真地聊过他们的发展需求。我要俯下身，用心倾听来自学生的声音。

于是，我关注学生的表情，和学生谈心，和学生一起学习情绪管理，一起交流如何快乐地度过高中生涯。我愿意让学生尽情地表达自己的开心与不开心；我愿意花更多的时间倾听学生的心声；我愿意重新起航，和学生一起成长。

点亮心灯，助力生命成长

一个人的力量是有限的，一群人的智慧是无穷的。2020年，我和一群志同道合的班主任老师怀揣着相同的教育梦想，秉持着"点亮心灯，照亮多彩人生"的教育理念，相聚在河南省韩明月名班主任工作室。

在韩老师的带领下，我学会了记录我和学生的点点滴滴，学会了如何照亮孩子们的多彩人生。在班级管理中，我充分发挥每一个学生的特长，给他们提供展示自我的机会和舞台，让他们充分享受生命的精彩，更加自信地面对未来。在日常生活中，我以"合作者"的身份促使学生更加自律，帮助学生塑造正直的品格，为每一个学生的成长助力！

每一个生命都弥足珍贵，我定会用百倍的爱来浇灌、呵护！"征途漫漫，惟有奋斗！"作为示范者、引领者，我会继续努力，用心观察，增强学生的自信，力争让每一个学生都健康成长！

（本文系首届洛阳市中小学班主任基本功展示活动参赛作品）

求"真"逐梦，花开向未来

河南科技大学附属高级中学　李冰

"问渠那得清如许，为有源头活水来。"从教十余年来，我深深体会到教师这份职业的伟大，收获了当班主任的喜悦之情，亦找到了当班主任的方式方法。求真之路并非坦途，逐梦之旅亦是成长。

反思不足中寻真

我所在的学校是以培养尖子生为核心，追求升学质量的学校。初当班主任的我，就生了个"不放心"的"病"，不放心学生的每一分每一秒，我把自己所有的时间和热情都用在看学生、盯成绩上。用得最猛的"着儿"就是紧贴学生，事无巨细，样样参与，就连学生桌子歪了我都不忽视。如此紧盯，我的班级在学习、活动等各方面的成绩都在同年级的班中名列前茅。这让我感觉自己很强、也很满足。若问我积累了什么？没有。若问我用的什么特别的方法？没有，都是生硬僵化的做法。所以，有时我看到学生与任课老师的关系比我还亲近的时候，我有点儿失落。我忽视了什么？轻视了什么？我该怎样做？只有骨架而缺少血肉的"假成就"，让我感到自己做得不尽完美，我开始复盘、开始思考、开始想改变。

学习实践中求真

接下来，我尝试改变，去伪存真，做一个"真班主任"。于是我开始向身边的班主任学习，认真听他们怎样与学生说话；仔细看他们除了抓学生学习，还做了哪些工作；向他们请教关于处理学生问题的建议和方法，并学以致用。渐渐地，我能做好常规工作了，完成考核目标已不是问题，但这已不能满足我对班主任工作的要求。面对班级 50 多名学生，我想做得更好，努力向学习型班主任转变。

2020年夏天，河南省名班主任工作室成为我提升班主任专业素养和能力的摇篮和阵地。

首先，激发自我，找寻真我，职业变事业。工作室汇聚了一批具有情怀和干劲儿的同道中人。这其中有高级教师，有省、市级骨干教师，还有国家级模范教师。浸润其中，我的心胸更加开阔了，我要做的是关系人一辈子的事！我要找寻的是如何做一名"真班主任"！我对班主任这一职业的认识得到了升华。

其次，学习章法，注重实践，做事业要专业。在工作室主持人的引领下，我们面对面、线对线，持续不断地开展读书、写作、研讨和"走出去"学习等提升班主任专业素养和能力的活动，并将所学知识用于教学实践中，从而让自己成长为一名专业型班主任。

1. 取经悟道拜名师

读书是一条寻常路，也是班主任专业成长中必不可少的和有效的一条进步路。我在读了李镇西、李希贵等教育专家的著作后，把他们的成功经验与我自己所在班级的实际相结合，开创了一系列特色活动，如"每人买1本好书，换读50本好书"的阅读活动，帮学生成为一个博学多才的人。从那以后，学生的学习兴致上来了，学习效果也更好啦！

读了英国哲学家、教育家赫伯特·斯宾塞的《斯宾塞的快乐教育》，我明白了教育的目的是帮学生成为一个快乐的人。我搭建师生间的沟通渠道，在班级设立师生间的"吐槽本""表白墙"，做学生的倾听者，认识学生、认识自我。在主题班会中，学生也敢大胆模仿我，我也成了有故事的班主任。每次，我满面春风地走进教室时，都会受到学生的笑脸相迎。

我不仅读专著，也读心理学、教育学，从中学到的"教育适度原则"，让我学会不再过度守班；读了《中小学德育工作指南实施手册》，让我学会如何保护学生，不再蛮干，讲究章法。

2. 思想碰撞促成长

我与充满活力、沉稳睿智的工作室同人们交流沟通。面对"学生带手机"的问题，我学会了从沟通开始解决问题，从中寻找教育契机，不再带有畏难情绪、反感情绪；学会了把问题作为成长的助推器，用好心态、妙方法，构建起师生成长的共同体。

3. 四个步骤做真我

我走近、我看、我听、我记，现在若问我怎么做班主任，我手中有日记，脑中有回忆，心中有妙招。例如，每次考试前，我会给学生发放"特效复习资料"，即学生对前一次考试的总结反思，发挥提醒、督促作用；考试后，我会给学生发"红包"——考得好的学生拿到的红包里是肯定赞扬的话，考得差的学生拿到的红包里有方法、鼓励的话。我已走出刚开始时的教学误区，从理论到实践，敢破敢立。

逐梦前行，花开向未来

担任班主任多年，我也获得了"教坛新秀""优秀班主任"等多项荣誉，也在公众号上写下关于班级管理的万余言。但我知道，这远远不够，在学习成长的过程中，我需要在课题、论述、著作等方面进一步提升自己的专业能力。

朱永新教授在《未来学校》一书中说道："未来，是一个能者为师，学者为生的新型学习社会。教育，是'人的事业'，而非培养'单向度的人'，老师先要好好学习，才能天天向上。"我想班主任做的是其一辈子也做不完的事，我愿与所有班主任并肩前行，探索教育规律，一直学、一直做。

"千淘万漉虽辛苦，吹尽狂沙始到金。"我愿不断完善自我，以微光点亮学生的心灯，以真求真，和学生双向奔赴，逐梦花开向未来。

（本文系第二届洛阳市中小学班主任基本功展示活动作品）

最是真爱能致远，不忘当初育人心

河南省洛阳市东升第三中学　　卫婴婴

从教十余年来，我走过许多路，最长的便是班主任的成长之路。

初试身手，别有一番滋味在心头

初见，班里大多数的孩子爱说、爱动、爱打闹，不爱学习、不会劳动，大多数的家长则因忙于生计而无暇顾及子女的教育甚至生活。我的"保姆式班主任"之旅自此开启，各种棘手问题也随之而来。收作业、维持纪律、调节矛盾、打扫卫生等，虽事必躬亲，但往往是高支出、低效益。学生问题成堆，按下葫芦又浮起瓢，缺少处理突发事件的预见性和进行常规管理的条理性，忙碌、焦虑，河东狮吼成了每天的常态。怎样才能管得住这群"小猴子们"？作为一名新手小白，我陷入了沉思。一天，小莹跑到办公室给我塞了一包东西，打开外层纸，里面是几板药，有润嗓的、有治感冒的，纸上写着：卫老师，这个药很管用。沮丧、迷茫、彷徨都烟消云散了，我的思路开始清晰起来：我不能胡子眉毛一把抓，我也应该对症下药。与其迷茫不前，不如现在行动。

拔节孕穗，人求上进先读书

怎样做一个合格的班主任呢？《班主任工作漫谈》《正面管教》《终身成长》等专业书籍让我开阔了眼界，也打开了思路。"纸上得来终觉浅，绝知此事要躬行。"我开始在读书—实践—反思—实践中探索自己的班级管理方法。

点滴汇聚，连线成面，学做"管理型班主任"，留心观察，虚心取经，先从模仿开始。"制度管理"：从纪律、卫生、学习、品行四个方面制定班规，重在帮助学生养成良好的习惯。依"法"管理，初见成效；

"干部经营"："教—领—放"三步走，在日常事务中大胆放手，培养我的"左膀右臂"，发挥班干部的作用；"文化育人"：开班会、树班风，"最是书香能致远"的图书角，"点滴成长"的智慧树，"我型我秀"的评比展示栏……班貌一新。打造班级品牌，宣传班级文化，虽未成形，但已在路上。就这样，在严防死守中，在斗智斗勇中，在磨合与探索中，在磕磕绊绊地相互陪伴与成长中，我告别了第一届学生。

从心出发，小荷已露尖尖角

埋头探索，更要抬头看路。有了经验和教训，接手第二个班级时，我不禁问自己：怎样做一名"智慧型"的班主任？怎样才能点亮孩子们眼中的星星？我"俯下身"来看看孩子们的世界，听听他们的声音，答案指向我心里：用心用情用智慧，育人育心育成长。我开始探索"三制"班级自主管理模式——值日班长制、班委轮值制、人人岗位责任制。设置小组合作积分制，互评互助，形成量化考核机制。

从心出发，化作方土，培育心灵。我关注孩子们的心理健康问题，更注重分析背后的原因。在平时的教学中多关注学生、研究学生，给学生以其需要的、正确的帮助和引导。比如多倾听，辩证地看待学生的缺点，让学生明确老师的要求，也能感受到老师的关爱。

用精心与细心，内化于心，外化于行。讲方法，讲创意，开展感恩、爱国、读书、习惯养成等系列主题班会，升华班级文化底蕴，挖掘学生潜能。一个人要成才，必先成人，因此我平时紧抓教育契机，率先垂范，在班级管理的细节中渗透"让别人因自己的存在而幸福"的班级管理准则，注重对学生非智力的培养，注重对学生的情感教育，注重学生全面素质的提高，注重学生的自我教育和自我管理。

赓续初心，破茧成蝶终有时

2020年，我加入了河南省韩明月名班主任工作室，结识了努力向上、充满智慧的韩老师和优秀的教育界同人。读书分享、案例分析、基本功展示……线上线下，名师引领点亮思想，榜样示范促进成长。班主任工作是一门学问，班主任需要科学、系统的班级管理理念和方法。与智者为伍，我更通透了：以生为本，以文化人，争取学生人人成为有"植根于内心的修养、无须提醒的自觉，以约束为前提的自由，为他人着想的善良"

等美好品行的栋梁之材，追求我心中最终极的答案——"人本管理"，帮助学生实现自我教育、自我成长。

有了精神洗礼、方法引领，我现在的心态更从容、脚步更坚定。我在观察学生时更细心，处理问题时让自己先"静心"，对犯错的学生更有耐心，坚守终身成长的理念使我对工作更有"恒心"。工作室的周鹏飞老师曾分享了"小孩不小"歌，我也重拾一颗童心，有时候从孩子的视角去沟通，有时候皮一下，既避免了冲突和尴尬，又取得了良好的教学成果。回归初心、怀揣爱心，我也收获了颗颗真心。九月最后一天离校时，几个孩子一定要把自己的棒棒糖分享给我，"卫老师，您最辛苦了！""十八个棒棒糖，卫老师永远十八岁！"面对这几个每天和我斗智斗勇的小家伙儿，我已经甜到心里了。

工作室王姣敏老师说："傻傻地努力、笨笨地坚持，顽石可能还是不会点头，但它会有温度。"这让我受到了很大的触动。10月的最后一周，班里的小明因不想写作业和任课老师起了冲突，因而被我叫到办公室。事后，邻桌的同事说："你这和风细雨，竟然让你们班一个这么高大、说话这么刺儿的男孩儿流下眼泪，还主动去补作业。"其实，当时我的眼睛里也含着泪。这是一个单亲家庭的孩子，妈妈忙于生活无暇照顾他，因此他从小学起就经常去校长室谈心，到了七年级，还存在各种违纪和不讲理的情况，但是"顽石"也可以有温度，我还需要继续付出。当然，在班级管理的理念、方式和策略上还需要一颗慧心，一颗匠心，为此我将继续修炼。

最是真情能致远，不忘当初育人心

时光飞逝，从"严"字把关到"爱"字当头，从"以理服人"到"以情育人"，从开始的迷茫彷徨到现在的点滴幸福的汇聚，读书笔记、反思总结、记录教学经验，已经成为我的日常。

教育是一种爱，教育是要教会学生懂得爱并传递爱。铅华洗尽见本真，对学生拥有爱心，教会学生懂得爱并传递爱，这应该就是最好的教育吧。正如我对"芝兰玉树班"的寄语：桃夭李艳，可羡胜景韶华；德智并举，能堪栋梁厚基。植于内心修养，立如芝兰玉树。

教育使我与孩子们共成长，教育使我们都成为更好的自己。我将不断地反思和实践，捕捉每一个教育契机，提升自己的同时带动更多的人，帮助学生点亮心灯，照亮多彩人生。

爱和责任同行，"三有"更加精彩

河南省洛阳市第九中学　高单单

2008年9月，怀着对教育事业的向往和憧憬，我终于踏上了三尺讲台，成为一名光荣的高中教师。十年树木，百年树人；百年大计，教育为本。十余年来，我从担心忧虑到自信从容，从冲动急躁到淡定沉稳，从苦口婆心到春风化雨。虽然辛苦疲倦，但当目送着一个又一个孩子走向更高人生目标的时候，我感受到了深深的满足与幸福。

我国唐代文学家韩愈说："师者，所以传道授业解惑也。"而我作为一名语文老师兼班主任，除了传道授业外，更肩负着加强班级建设管理和促进学生身心健康发展的重任——从一个心高气傲，不知天高地厚的教师"小白"到如今的"资深班主任"，我的成长之路也是崎岖不平的。一路走来，我非常感谢曾无私帮助过我的领导和同事们，信任支持我的家长们，还有热情积极的学生，是他们的理解与鼓励，支持与宽容，让我一路无畏困难，乘风破浪，并逐渐形成了自己的教学风格和管理风格。

有秩序才会有习惯

初为班主任，我把自己定位为班级的管理者。具体来说，就是班级秩序的维护者和班级生态的掌控者。还记得第一次接到学校通知，说要我担任高一班主任的那个暑假，我几乎是在好奇、紧张与担心中度过的。除了大量阅读与班主任相关的书籍外，我还一遍遍地向经验丰富的班主任请教。他们告诉我，来到新班级的每个同学都有进入新生活、拥有新的起点的愿望，都有想了解新班主任的工作态度、工作作风的想法，都有想知道班主任对自己的看法的期待，学生对班主任的言行举止也十分敏感。所以，高一开学之初，我不仅认真掌握学生的情况、做好注册登记，还特别注意做好班级管理中的每一个"第一次"——开学第一天的第一次"精彩亮相"，第一次常规工作，第一次班级活动的安排，第一次讲课的精彩表现，第一次违纪行为的处理，打动学生的第一次谈话……良好的第一印象，帮助我顺利建立起和学生的"第一联系"。总之，班级管理中的每个"第一次"，都是班级管理链条上不可或缺的环节和建立正常班级秩序的关键步骤。

除此之外，我还与全班学生一道订立了班级公约，共同建立起正常的班级秩序。这样一来，不仅树立了我的威信，同时还有利于学生树立是非观念并养成良好的行为习惯。

在秩序管理阶段，我大多局限于单纯地运用班规、校纪去约束学生，对学生的身心发展和能力培养缺乏关注，忽视了学生的个性差异和内在潜能。虽然也取得了不错的效果，但班级管理模式相对僵化、死板，缺乏灵活性，无法给学生提供一个充满正能量的学习环境。

有活力才会有力量

高一期中考试后，我班的成绩并不理想。与此同时，在教室和宿舍卫生方面频频出现问题，学生的学习兴趣也不高。我一方面加强理论学习，一方面也开始反思班级管理中出现的问题：独揽大权，仅仅把学生看作是被管理的对象；管理模式单一、僵化，学生的个性被压抑；忽略了学生的主观能动性，限制了学生的自我管理能力，影响了学生的全面发展。

苏联教育家苏霍姆林斯基认为，"集体"是一种"精神共同体"，它不是人员的简单组合，而是相互间的彼此融合。班级制度也应该是由全体同学共同制定的，班主任不应该是制度顶端的仲裁者，而应该是和学生一样的遵守者、执行者。

在这个阶段，我不再追求高高在上的权威，不再为了控制学生而刻意追求秩序。我重视秩序管理，但不再把秩序管理作为自己的终极目标，而是在秩序管理的过程中逐步实现班级管理的人文关怀，打造班级管理的文化特色。我不再对迟到的同学耳提面命，而是通过主题班会的形式，让同学们认识到守时和诚信的重要性；通过开展"什么是美"的讨论，让学生意识到整齐也是一种美，而且还是最重要的一种美。

接下来的时间，为了增强班集体的凝聚力，让班级持续充满活力，我开始注重培养学生的集体意识，着力于集体活力的激发，努力通过集体意识为学生的成长提供动力支持。当然，集体力量并不是固有的，它需要我们日复一日地坚持与努力——要让每一个学生懂得什么是集体，懂得个人与集体的关系，正确认识自己在集体中的位置和作用，认清自己对集体的责任，从而自觉地关心集体、爱护集体，并把自己的言行与集体荣誉感联系起来，把自己融入集体中，最终把集体目标内化为个体目标。

苏霍姆林斯基曾说："唤起人实现自我教育，乃是一种真正的教育。"进行集体主义思想教育的最有效途径，就是组织集体活动。如果没有集体活动，学生就感觉不到集体和集体力量的存在，感觉不到个体与集体的依存关系，自然也就不会为集体的荣誉去努力，去奋斗，集体的凝聚力也就不可能形成。

为了增强集体荣誉感，我定期组织学生参加班内班外，甚至校外的各种集体活动。通过参与班际或校际竞赛联谊活动的方式，启发和调动全体学生的主体意识和参与意识，重视每个学生的价值，让他们做集体的主人，在集体活动中唱主角，变被动接受为主动适应，实现自我教育。

通过集体意识教育，我不再死死盯着学生，不再呵斥指责，也不再靠僵化的制度管住学生，而是把各种特质、不同水平的学生团结为一个整体，积极发掘学生共同的价值追求，让班级成为具有凝聚力的团队。

有自我，才会有意义

苏霍姆林斯基说过："真正的教育是自我教育。"学生不可能永远接受教师的教育和指导，他们终究要长大，离开教师，自己发展。因此，要尽可能地让学生独立地生活，让学生自己时刻反省自己的言行举止，不断地完善自我。

激发学生自我教育的动机，即把社会需要的正确的道德准则和行为规范要求转化为学生主动地接受教育的精神需要，学生就能主动、自觉、努力、积极地接受教育和进行自我教育。

在这一阶段的管理中，我不再板着脸，而是会在课间和学生聊聊彼此的喜好，一个鼓励的眼神，一句肯定的话语，随手从口袋里掏出的一颗糖——重要的不是东西，而是让学生意识到他是被尊重的，是被肯定的，是被需要的。

"人贵有自知之明。"自我认识是自我教育的基础。一个人只有对自我有正确的认识和了解，充分明白自己的特点，如优点、缺点、成绩和不足等，才有可能进行自我教育。

在此阶段，班级管理的目的就不再是获得秩序，而是培养学生的规则意识和自主能力，并使学生具有理性精神。当学生拥有了规则意识和理性精神后，班级制度就不再是约束，而是规则与理性下的相对自由。那么接下来，班级管理就应该帮助学生建立自我价值感，这是一种很有意义的教育。

马兰教授说："只有满足学生对归属感和影响力（价值感）的需要的时候，他们才会感到学习是有意义的，才会愿意学，才会学得好。"班级是班主任的，但归根结底是学生的，应该以学生为基础并服务于学生的成长。所以，"让孩子发现他们有多么能干"十分必要。需要注意的是，这不是简单地等同于"发挥学生的主体作用"的问题，更不是简单地将班级放手给学生管理的问题。

自我价值认同是学生自信的源泉。所以，班主任要了解每个学生的长处，创造机会让每个学生知道自己的长处，并通过多种途径搭建平台，让学生利用自己的长处为班级做事，使其体会到自己的价值，进而获得价值感。比如，我在组建班委的时候，首先会考虑每个学生的个性特点，尽可能提供多样的岗位；其次，我会组织学生就班级公布的岗位进行竞选，尽可能让学生的特长与竞选岗位一致。同时，我还会根据个别学生的特点，为他们私人订制岗位——让每个学生都能发挥自身的特长，都能感受到自己在集体中的价值，这必然会激发出学生的归属感和创造力。

美国教育家、心理学家鲁道夫·德雷克斯说："孩子们需要鼓励，就像植物需要水。"鼓励是让学生持续做事的关键，是学生获得动力的重要条件。其实，帮助问题学生的最好办法，就是让他们了解自己的优点，给予他们充分的尊重，让他们对班级产生归属感，然后慢慢融入班级，融入集体。

"路漫漫其修远兮，吾将上下而求索。"作为教师，只要让爱和责任与我们结伴同行，我们职业生涯的旅程就会更精彩且有意义。当然，我做得还远远不够。优秀班集体的建设是一项长期、细致、烦琐而又需要创造力的工作，但这也正是教育的本质，即"教无定则，教之以恒"。一旦形成良好的班风，培养一个能够明辨是非、坚强有力、和谐共赢的班集体，那么学生的教育管理工作自然可由集体的内生力驱动，教育管理效果也可再上新台阶。而我，将永远以学习的姿态，行走在这条大道上！

步履不停息，逐梦向未来

河南洛阳市孟津区麻屯镇中心小学　　刘萌

时间悄悄从指缝间溜走。蓦然回首，做班主任竟已有 16 个年头了。回首过往，有梦想成真的喜悦，也有不期而遇的温暖。时光默默流逝，而那些与孩子们在一起或欢喜、或苦涩、或酸甜的细节却在记忆的长河中熠熠生辉。

忐忑彷徨，于摸索中前行

16 年前，稚嫩青涩的我，一路披荆斩棘，终于实现了自己的教师梦。站上神圣的讲台，面对一张张陌生的脸庞，一声声稚嫩的"老师好"，一件件琐碎的班级事务，着实让我手忙脚乱。我告诉自己，调整节奏，尽快适应，坚持前行。

"初生牛犊不怕虎"，我主动请缨，向校长申请担任班主任，这一干就是 16 年。我藏起自己的稚嫩，凡事严于律己，亲力亲为；废寝忘食地备课，加班加点。"腿勤、嘴勤、手勤"是刚上岗时，校长对我们的要求，我谨记于心。每天，即使没有早读，我也早早到校，看着学生做值日；课间，我把自己泡在教室里，与学生沟通，观察学生，板着脸教育每一个犯错的学生；由于管得严，管得细，班级风平浪静，我也因此沾沾自喜。

可是，好景不长，班里的一个个"刺儿头"开始冒出来，有同学开始告状，某某没有值日，某某没有跑操；任课老师也开始反应，某某不写作业还顶嘴。我开始一个个批评教育，要求他们写检查、写保证，并通知家长。上完课后，每天总要处理几个违纪的学生，弄得我身心俱疲，跌跌撞撞，迷茫彷徨。但仗着自己年轻，我依旧摸索着，前行着。

学以致用，在探索中进步

俗话说，办法总比困难多。我细心观察老教师的带班方法，认真学习他们的谈话技巧，处理措施。我从中发现，好的班级除了有要求严格的教师外，一定还有能干的班委。班主任和班委就是一个班级的核心磁力场，如果能得到全体学生的信任和支持，全班就不会成为一盘散沙，因此我开始注重班委的建设和培养。

首先，摸底调查，个别谈话，认真观察，确定班长，与其谈心，委以重任；之后，我认真研读魏书生老师的著作，学习他的班级管理方法，采取自荐和选举相结合的方法选拔班干部，让学生自主推选自己信任的班委会，并对班委进行培训。后来，又在班级中引入竞争机制，实行班干部竞选制、轮流制、区域划分、小组自治，设立"常务班长"和"值日班长"，保证人人都有参与班级管理的机会。就这样，班集体的凝聚力和向心力逐渐增强，同学们的积极性也随之高涨。

博采众长，在实践中成长

俗话说，实践出真知。在探索前行的同时，我开始大量阅读专业书籍，参加外出培训，通过读书向苏联著名教育家苏霍姆林斯基"请教"，向魏书生"请教"，向李镇西"请教"，也向身边的名师名班主任请教……原来，真正的教育，不是照本宣科地传授技能，不是耳提面命地讲道理，而是激励、唤醒、鼓舞，用生命影响生命，用心灵浸润心灵。

"课间打闹频繁，矛盾百出"，我用道理来开导他们；"值日拖拉，考试退步"，我拿榜样来激励他们；"复习意志消沉，班风涣散"我拿理想来引导他们。我的真心，我的真诚，换来了他们学业上的进步，换来了他们的茁壮成长，换来了他们的全面发展。

"让每一个孩子在这一间教室里都自由地、快乐地、顽强地生长"，这是我的班级愿景。在用爱润泽孩子们心灵的同时，我开始注重班级文化建设，创建完美教室。清晨，我与学生一起值日；课间午后，我认真批改作业，掌握学生的学习情况；放学后，我与学生交流、沟通，了解他们成长的烦恼。

我总是给予学生宽容、理解、信任和关怀，用真心、耐心对待每一个含苞待放的花蕾。这时，我才欣喜地发现，有爱的班级，工作越来越顺手，学生的幸福感会越来越强。

生命拔节，向专业化努力

　　学无止境，践行不歇。一路前行，一路收获，和学生一起行走，行走在成长的路上，每天与朝气蓬勃的学生在一起，是多么幸福的一件事啊！伴着这种喜悦，伴着这种幸福，我被评为市级优秀班主任、市学术技术带头人、最美教师、模范教师；2021年，我也寻得了心灵的归宿——加入名班主任工作室。在这里，我们有一个共同的名字叫"班主任"，有一份共同的追求叫"教育"，有一种共同的渴望叫"成长"；在这里，我们坚持读书写作；在这里，我们共商班级管理办法。很幸运能成为一名班主任，很幸运有机会参与孩子们的成长；很幸运，在帮助孩子们摘星星的旅途中，有我，有一群努力拼搏的班主任。奋进不止，步履不停，华章更新，向光而行，我和我的孩子们，让我们一起逐梦向未来！

　　（本文系第二届洛阳市中小学班主任基本功展示活动参赛作品）

第二章　主题班会设计

主题班会是班主任必修的一门专业课，班会设计要紧跟社会发展步伐，契合学生的身心发展需求，要形式新颖，能够充分调动学生参与的热情，进而落实立德树人根本任务。

青年有为国恒强

河南省洛阳市第九中学　　韩明月

【班会目标】

知识与能力目标：通过身边事例，增强面对灾难的信心和勇气，提升观察和思考能力，感悟优秀青少年勇于担当、甘于热心奉献的优秀品质。

过程与方法目标：运用视频再现、事例讲述、伟人故事、师生互动等多种形式，在所思所学中有所得，不断加深对优秀青少年的了解，从而循序渐进，自觉地向优秀青年学习、向优秀青年看齐。

情感态度与价值观目标：深刻领悟"把灾难当教材，与祖国共成长"的思想内涵，汲取仁人志士、身边榜样的精神，厚植家国情怀，树立远大理想，不畏艰难困苦、顽强拼搏，做新时代有为青少年，助力国家富强、民族振兴、人民幸福。

【班情分析】

  高中生正处于正确的世界观、人生观和价值观初步形成的时期，部分学生面对挫折、困难时信心不足。因此，班主任应积极教育和引导学生热爱党、热爱祖国、热爱人民，拥护中国特色社会主义道路，让学生提升自身的综合素养，形成正确的世界观、人生观和价值观。

【班会思路】

  本次班会再现当代有为青年勇于担当、甘于热心奉献的身边事例，通过品读伟人的小故事，完成"开学第一课"——青年有为国恒强。

【班会流程】

  问题思考引入：
这个暑假，你印象最深刻的是什么？
视频展现：
播放7·20郑州特大暴雨、核酸检测、奥运健儿夺金、解放军救援等视频资料。
  设计意图：第一，让学生正视灾难，明白生活并非一路坦途，要勇于面对灾难；第二，增强学生信心，使学生认识到我们有强大的民族精神作支撑，有强大的国家力量作保护。

一、身边事例再现

  在解放军救援队伍中，有一名20岁的士兵，他叫王一帆，是我的学生（图片展示）。
  教师讲述： 7月24日上午，我收到了王一帆爸爸的微信，讲孩子已入伍一年多，现正跟随空降兵某旅在贾鲁河祥符区段决口处救灾。我甚是感动，又不免担心，而王爸爸坚定地说道：年轻人就要有担当。
  图片展示（李世雄）
  7月底，我在微信公众号上看到了一则关于18级毕业生李世雄在巩义河洛镇源村当志愿者的报道。后来和他聊起这件事的时候，他一脸自豪，并说道：趁年轻，做点儿有意义的事。
  小组讨论： 在这个暑假，你有没有遇到过这样的人？他们是怎样的人？

设计意图： 用身边事例讲述青年故事，更贴近学生生活。特别是用自己师兄的事迹，既可以鼓舞他们，在灾难来临的时候每个人都应该有担当，也告诉他们不平凡之事往往是由平凡人、甚至身边的人做出的。

二、当代有为青年事例再现

讨论问题总结： 他们是当代有为青年。

教师给出事例：

1. 河南暴雨"救命文档"创建者———"感动上海年度人物"候选人李睿。

2. 奥运赛场上每个拼搏的中国运动员，都是有为青年，他们在赛场上展现了我们的民族精神，增强了我们的民族自信心，学生分组分享喜欢的奥运健儿。

设计意图： 用青年有为的典型事例来激发学生的进取心，特别是和学生们分享了奥运会的精彩瞬间。在师生互动中，鼓励学生向他们学习，向他们看齐，完成横向学习。

三、伟人的青年故事与理想

青年是国家的希望，民族的未来。纵观党的百年发展历程，无数仁人志士都是在青年时期就崭露锋芒，用行动书写了奋斗的史诗。

教师用《七绝·改诗赠父亲》来引导学生学习毛泽东同志在青少年时期的"求学"态度；用"为中华之崛起而读书"的格言引导学生学习周恩来同志在青少年时期就立下远大志向的事迹。

设计意图： 横向学习完成后，引导学生在本小节中结合党史学习教育活动，加入纵向学习，激励学生汲取榜样精神，厚植家国情怀，树立远大理想。

四、启迪学生美好未来

问题研讨：

1. 祖国未来的发展——展示我国2035年远景目标。
2. 个人发言，畅想个人的未来。

明确主题： 个人发展只有与国家和民族利益相融合，才更加深沉，当个人成长的溪流汇聚到国家命运的滔滔大江之中时，一个人的前途会更为广阔，成功之路也必定愈发宽广，中华民族也因此才能一直屹立于世界民族之林。

设计意图：引导学生把个人的理想追求融入国家和民族的事业中，在实现国家富强、民族振兴、人民幸福的中国梦实践中书写精彩人生。

班会总结：新时代，要注重学生的全面发展，注重培养学生抗压、抗挫折的能力；通过多种方式，积极教育和引导学生热爱党、热爱祖国、热爱人民，拥护中国特色社会主义道路，弘扬民族精神，增强民族自尊心、自信心和自豪感，增强公民意识、社会责任感，培养自主能力，形成正确的世界观、人生观和价值观。

（本文系河南省教育厅官方微信平台推介作品）

追寻红色足迹，争做时代新人

河南省洛阳市第五十六中学　高静

【班会目标】

情感态度价值观目标：拥护党的领导，激发爱国主义情感，传承红色精神，为实现中华民族伟大复兴的中国梦而努力。

能力目标：结合实际，锻炼搜集和整理照片的能力、语言表达能力和观察力，关心社会、关注国家的发展。

知识目标：通过展示一系列的照片、讲述先辈们的故事等方式，感受"洛八办"爱国主义教育基地的浓厚氛围，感受在党的领导下，共产党员无私奉献、奋斗不息的精神。

【班情分析】

八年级的学生视野相对开阔，认知能力较强，但其世界观、人生观、价值观还没有完全确立。恰逢中国共产党成立 100 周年，在"扣好人生第一粒扣子"的关键时期，对学生进行爱国主义教育，培养学生热爱祖国、热爱中国共产党的情感，引导学生将个人目标与中国梦的实现紧密结合在一起。

【班会思路】

本次班会从八年级学生的学情出发，通过五个环节对学生进行爱国、爱党的教育。这五个环节分别是：看足迹—讲故事—学榜样—立目标—做手工。

【班会准备】

1. 教师：走进"洛八办"爱国主义教育基地，拍摄相关照片；搜集与之相关的视频和音乐素材；并对学生收集来的素材进行整合，制作班会课件。

2. 学生：课余时间了解洛阳优秀共产党员的先进事迹；通过网络或实地考察，了解"洛八办"爱国主义教育基地，并搜集相关的素材；准备超轻黏土，制作手工；准备好校服。

3. 安排一男一女两名学生作为本次班会的主持人；安排相关人员提前设计班会黑板报。

【班会流程】

一、播放视频，学习红色精神

播放视频《洛八办：统战前哨，红色枢纽》（2 分钟），仔细观看后，请学生发表观后感。

设计意图： 通过观看视频让学生整体感受"洛八办"的发展历程及其作为交通枢纽的重要性，事先做好铺垫，班主任要为下面的环节做好心理准备和知识准备。

二、看看先辈的足迹

1937 年 7 月 7 日，日军蓄意制造了"七七事变"，抗日战争全面爆发。中华民族处于生死存亡的紧要关头，中国共产党制定了抗日民族统一战线的策略。1938 年夏，中共中央决定在洛阳设立办事处。同年 10 月，国民革命军第十八集团军驻洛通讯处（后改为办事处，今简称"洛八办"）成立。其间，我党我军主要领导人刘少奇同志、朱德同志、彭德怀同志等多次前往办事处并指导工作。1942 年 2 月，办事处分期分批撤离洛阳，返回延安。

同学们，我们在了解和实地考察的过程中，"洛八办"给你留下哪些深刻的印象？小组交流、资源分享，并派代表发言。

设计意图： 通过小组活动、资源分享，从不同角度，如电台、马厩、水井、军用物品、生活物品、武器装备等方面介绍"洛八办"，让学生感受到在党的正确领导下，办事处在宣传党的抗日主张，掩护地方党组织开展工作、加强军政情报的搜集，为前线部队筹集、运送军需物资等方面做了大量工作。

三、讲讲先辈的故事

同学们，你印象最深的革命先辈是谁？为什么？请同学们思考并给大家讲解。

学生摘抄并整理资料。

人物1：1939年1月、4月、9月，刘少奇同志三次来到"洛八办"。1939年1月21日，刘少奇同志与彭德怀同志一起从渑池来到洛阳，在"洛八办"居住期间，他整理了演讲稿，撰写了《论共产党员的修养》。4月，刘少奇同志在回延安参加会议途中，再次来到"洛八办"。他亲自安排已暴露身份的地下党转移。9月，刘少奇同志第三次来到"洛八办"，主持召开了豫西省委扩大会议。虽然刘少奇同志每次来"洛八办"停留的时间都不长，但对贯彻和执行党的统一战线政策，对党组织在豫西的发展和巩固仍起到了重要作用。

人物2：1953年6月，当焦裕禄到达洛阳涧西时，建设工地还是一片荒原，到处都是运送建筑材料的卡车。建设工地在距离洛阳火车站十几公里之外的涧河边上，要想把工厂建设所需的物资从洛阳火车站运到工地，必须要把两地之间的路修好。他主动请战，担任临时总指挥。焦裕禄日夜吃在工地、睡在工地、奔波在工地，和工人抢脏活儿、重活儿干，常常是一身热汗、一身泥水、一脸尘土。虽然他和"洛八办"之间没有直接关系，但他却继承了"洛八办"的优良传统，决心要做一个好党员好干部。

讲一讲：从他们身上你看到了什么？请同学们思考并发表自己的感想。

设计意图：让学生意识到革命先辈们身上的红色精神，如：人民的利益高于一切、为人民服务、勤俭节约、无私奉献、强烈的社会责任感等，对其思想道德教育起到模范引领的作用。

四、学学身边的榜样

"三人行，必有我师焉"，在我们这个温暖的班集体中，有没有值得你学习的榜样呢？下面我们进入"寻找身边的榜样"环节，请同学们回答以下问题。

展示班级成员的图片，寻找身边的榜样。

他（她）是我的榜样，因为他（她）＿＿＿＿＿＿＿＿＿＿＿＿，

从他（她）的身上我看到了他（她）是＿＿＿＿＿＿＿＿＿＿人。

我今后要＿＿＿＿＿＿＿＿＿＿＿＿＿＿＿＿＿＿＿＿＿＿＿＿＿。

设计意图：通过活动进一步引导学生学习英雄人物的事迹，激发学生向榜样学习的热情；通过寻找身边的榜样，使学生树立向榜样学习的意识，在提升学生思想道德素养的过程中营造良好的班级氛围。

五、坚定我们的理想

播放视频《百年恰是风华正茂》。请学生仔细观看,并发表自己的感想。

百年历程,正是先辈的精神和气概影响了一代又一代的人,是他们的不懈努力和奋斗,创造了今天的美好生活。少年智则中国智,少年富则中国富,少年强则中国强。作为新时代的青少年,我们可以做些什么呢?

请同学们思考、回答。

说起祖国,我们每个人都怀有最深厚、最纯洁的情感,所以我们都愿意为祖国做出自己的贡献。我们的首要任务是在思想上积极向党组织靠拢。中国共产主义青年团是中国共产党领导的先进青年的群团组织,是党联系青年群众的桥梁和纽带,是中国共产党的助手和后备军。同学们,现在让我们一起重温入团誓词。

1. 由班长带领。
2. 面向团旗,高举右手,紧握右拳,郑重地重温入团宣言。

在激昂的音乐中,在良好的学习氛围中,师生合唱歌曲《光荣啊,中国共青团》。

设计意图:通过教师的总结升华,提升学生的思想境界,引导学生热爱祖国、热爱人民、热爱中国共产党,在行动上传承红色精神,努力奋斗,为祖国的发展贡献力量。

六、重温红色的记忆

同学们,我们今天看到了许多照片,听到了一些英雄故事,发现了一些身边的榜样,你印象最深的红色印记是什么?现在就请同学们用超轻黏土做出它的模样。

设计意图:通过动手制作,引导学生积极参与实践;运用多种感官参与学习活动,加深印象,在提高学生动手操作能力的同时,使其关注历史,关心国家发展。

【班主任寄语】

"百年征程波澜壮阔,百年初心历久弥坚。"从 1921 年至 2021 年,相隔百年,生于危难的中国共产党,不忘初心、牢记使命、栉风沐雨、砥砺前行,带领中国人民创造了人类历史上惊天动地的发展奇迹。百年的奋斗史告诉我们,无论过去还是未来,作为新时代的青少年,我们要坚信党的领导,只要无惧风雨,定能乘风破浪,定能实现中华民族伟大复兴的中国梦。

【拓展延伸】

1．宣传手工制作的红色记忆并进行展览，在培养兴趣的同时促使学生了解我党的发展历程。

2．利用课余时间组织学生走进"洛八办"等优秀爱国主义教育基地，追寻红色记忆，传承红色精神，激发爱国热情。

【班会反思】

本次班会结合班级的实际情况及学生了解的红色文化，通过一系列的讲解、活动、思考、交流，让学生认识到在党的领导下，我们的英雄前辈经过几代人的不懈努力，才有了今天的繁荣景象，从而激发学生的爱国主义情感。

活动是德育的载体，班主任应该多组织活动，同时注重社会实践活动课的研究和落实，让学生真知道、真感受、真提升。

（本文系《教育时报》推介作品）

赓续红色精神，争做时代好少年

卫婴婴

【班会目标】

认知目标：学习党史，了解百年以来党的奋斗征程，传承爱国情感。

情感目标：以活动为载体，在学、思、践、悟中以史鉴行，激发爱党爱国之情，厚植爱党、爱国、爱社会主义的情怀。

行为目标：联系时代，将国家目标与个人成长结合起来，学习红色精神，坚定信念，勇于拼搏，不负韶华。

【班情分析】

八年级是整个初中教育中承上启下的时期，是心理品质、世界观、人生观、价值观确立的重要时期。以班会为载体，将党史教育与青少年德育教育结合起来，引导学生学党史，加深学生对党史的认识，使学生坚定理想信念，担当起时代责任。

【班会思路】学党史—颂党恩—跟党走

【班会准备】

师：准备红色卡纸；开展课前调查：学生对党史的了解情况；梳理学生反馈意见，指导学生收集素材。

生：小组分工，收集中国共产党发展历程中不同时期的代表事件、典型人物，进行分组展示，形式不限。

【班会流程】

一、漫漫征途 回首百年奋斗路

一叶红船映初心

一百年前，一叶红船从嘉兴南湖驶出，承载千钧，开启了中国共产党的跨世纪征程。（以"一叶红船"为切入点，拉开班会帷幕，引出主题）

视说百年奋斗路

百年光影照我心，一百秒的时间为我们概括了党这一百年来的奋斗路程。

图话百年奋斗路

用图片定格时间，截取党史大事件，展示中国共产党发展的四个时期：新民主主义革命时期、社会主义革命和建设时期、改革开放和社会主义现代化建设新时期以及中国特色社会主义新时代。从政治、军事、文化、科技等多种角度展示中国的巨大变化。

总结： 百年征程，波澜壮阔。只有中国共产党的领导才让中国人民站起来，富起来，强起来。（通过视频、图文重温百年党史，回顾党的百年奋斗历程，了解党史大事件，学习伟大的建党精神）

二、知党恩、颂党情　致敬领路人

历史的小船扬帆百载，回首来时路，让我们跨越时空长河，与先辈们对话。

演绎百年奋斗路

展示内容： 各个时期的典型事迹、代表人物，用经典致敬领路人。

生：表演课本剧，朗诵《我的自白书》，讲红色故事，让数据来说话，红色人物访谈，品读红色家书，抗震抗洪抗疫故事，天宫一号小课堂，我心中的奥运之星……

传承红色精神

师适时补充：《长津湖》里的"冰雕连"誓死卫国的战斗姿态，抗震抗洪中人民子弟兵决不退缩的英勇姿态，那些坚守使命奔赴抗疫一线的坚定姿态，中国健儿全力冲刺的拼搏姿态，那些执着追求科学真理的专注姿态……

引起共鸣，启发思考：许多革命先辈为了民族独立而英勇捐躯，无数最美"逆行者"为我们的岁月静好负重前行。你从他们身上看到了什么？

生：联系现实谈感想，追随时代领路人，学习身边榜样，感悟红色信仰与力量。

师：这种让中国共产党战胜一切艰难险阻的精神武器，走在时代前列砥砺前行的精神密码，维系民族发展的精神支柱和力量源泉，就是红色精神！它号召着我们为了国家不畏艰险，顽强拼搏！同学们，你们还知道哪些红色精神呢？

动听百年唱响红歌

合唱《国家》："有了强的国，才有富的家……我爱我的国，我爱我的家！"

朗诵《沁园春·雪》

总结：在党的百年历史中形成了伟大的红色精神，召唤着亿万中国人民同心同向，使我们逐步实现了救国、兴国、强国的奋斗目标。我们要传承红色精神，坚定信念跟党走。

（同学们在深情演绎中，加深了对党的认识，感悟党和人民在各个时期奋斗不息的红色精神，播撒爱党爱国种子，将党史教育根植心中）

三、启航新征程 争做时代好少年

志向是人生的航标。一个人要想做出一番成就，就要有自己的志向。一个人可以有很多志向，但人生最重要的志向应该同祖国和人民联系在一起的，这是人们各种具体志向的基础。传承红色精神，争做新时代好少年，我们可以做些什么？

不辜负青春时光

党和国家的梦是实现中华民族伟大复兴的中国梦。袁隆平爷爷曾寄语正在追求梦想的青少年，他表示："知识是基础，汗水要实践。灵感是思想火花，思想火花人人有，不要放弃它。"

学生分享：我们都是追梦人，谈谈自己的梦想，将自己的梦想与国家的发展结合起来，从思想、学习、生活等多种角度思考，立足当下，展望未来。

小小红船扬帆起航

将对党的祝愿，自己的梦想化作文字，记录在亲手折的小小红船上。

集体宣誓——《请党放心强国有我》

请党放心，强国有我
梦在前方，路在脚下
我们都是追梦人
为实现第二个百年奋斗目标
为实现中华民族伟大复兴的中国梦
准备着
为共产主义事业而奋斗
时刻准备着

> 不忘初心，青春朝气永在
> 志在千秋，百年仍是少年
> 奋斗正青春！青春献给党！
> 请党放心，强国有我！

（激励学生树立目标，明确方向，内化于心，外化于行，用实际行动传承红色精神，努力学习，掌握科学文化知识，锤炼过硬本领，薪火相传，做心中有"天地"的新时代好少年）

【拓展延伸】

画说党史：从播下革命火种的小小红船，到领航复兴伟业的巍巍巨轮，讲述百年奋斗路。

寻访红色足迹：打卡红色基地，追寻红色记忆。（以视频或图文记录）

星火宣讲团：党史我来讲，党员故事我来讲。

【班会反思】

本节班会挖掘学科中的党史素材，创新融合学科党史，通过回顾百年党史，重温历史时刻（思源）；追寻红色记忆，汲取精神力量（深悟）；传承红色基因，明确使命，勇于担当（践行），将党史教育与德育结合起来，引导学生把自己的理想同国家发展、社会进步紧密联系在一起。

拼一月不遗余力，搏一个无怨无悔

河南省宜阳县第一实验高级中学　　王姣敏

【班会背景】

多年执教高三的经验告诉我，距离高考还有一个月左右的时候，学生的心情是最紧张、最脆弱、最焦虑的。尤其是在 5 月初高三第三次模拟考试结束后，考试成绩的不理想，会严重影响一些学生的学习热情和生活态度。此时，鼓舞学生，引导他们正视高考，放下杂念，砥砺前行，全身心地投入，努力学习是至关重要的。

【班会目标】

1. 通过观看北大招生视频短片《星空日记》，懂得面对压力、诱惑甚至嘲讽时，要坚守梦想、永不放弃，敢于做一个"摘星星的人"；

2. 通过参与物理实验"水中的烛光"，感悟身边平凡事物中蕴含的深刻哲理，对实验过程和结果进行深入思考；

3. 给高考后的自己写一封信，装入时间胶囊，正视高考成绩，做自己的主人。

【班会准备】

1. 选定三个需要学生模拟并解读的实验，确定好实验所需材料的标准，控制好实验时长，同时安排一名"摄影师"抓拍精彩瞬间。（实验材料有宽口玻璃容器、一桶水、一支 6 厘米长的蜡烛、一个打火机）

2. 请擅长计算机的学生下载并编辑好视频资源，并保存好。

3. 班主任准备好时间胶囊与装胶囊的瓶子。

【班会流程】

一、看看《星空日记》，说说我的梦想

播放视频，仔细观看后，请同学们发表观后感，大胆说出自己最初的梦想。

设计意图：用北大学子的"摘星"旅程点燃学生对超越现实、实现梦想的渴望，也让学生初步感悟到：要想实现梦想，必须要有过硬的心理素质和扎实的理论基础。

二、做"水中的烛光"实验，猜猜最后的结局

实验组、摄影师上场，做准备工作，班主任打开课件，实验开始前做好解读工作。

在一个透明、宽口玻璃杯底部的中心位置，粘上一支拇指粗细、比杯子稍矮一点儿的蜡烛，再往杯子里面加上高度比蜡烛稍微低一些的水。然后，提出问题：如果将蜡烛点燃，随着时间的慢慢推移，水面会一点点逼近正在燃烧的蜡烛，请大家想一想，当蜡烛燃烧到和水面一样的高度时，蜡烛将如何？大家可以先猜一下。

最后可让同学们走上讲台观察实验结果，同时让实验员从科学的角度讲解实验原理。

班主任总结：当蜡烛燃烧到和水面一样的高度时，烛光没有马上熄灭。蜡烛芯深深凹陷下去，在水与烛光之间形成了一层薄得透明的蜡。正是这一层蜡的顽强守护，才让蜡烛芯在水中燃到最后，最终以一缕细烟宣告：我拼尽全力，我无怨无悔。同学们，如果我们每个高三学子都是一点烛光，那么那层薄得透明的蜡，像谁呢？

设计意图：该实验是本次班会的重中之重。实验中，同学们可以通过观察、等待、讨论，甚至为蜡烛暗暗加油，与蜡烛"同呼吸、共命运"。实验结果和很多同学预想的完全不同，最后的一幕引人深思。学生发表观后感后，班主任可引导学生，使其认识到，求学之路就像蜡烛芯和水的较量，那层保护蜡烛芯的薄蜡，也许就是你的父母、你的老师、你的朋友、你坚强的意志……拼尽全力的路上虽然辛苦，但你从不孤单；拼尽全力的结果，哪怕是轻烟一缕，也无怨无悔。

三、写时间胶囊，祝福未来的自己

班主任拿出准备好的时间胶囊，并向学生介绍"时间胶囊"的由来，引导学生想象高考后的场景，让学生给高考后的自己写一些祝福语。写好后，装入时间胶囊，如果条件允许，可以在校园内找个合适的地方埋起来。

设计意图：引导学生想象高考后的场景，给自己写祝福语，一是帮学生认清自己焦虑的根源，帮学生找到焦虑情绪的宣泄口；二是培养学生务实的精神，既然未来难以掌控，就要全力以赴地做好当下该做的事情；三

是引导学生正视高考成绩，无论成绩如何，只有坚定梦想，勇敢去追，像蜡烛芯一样不遗余力拼搏到底，最后才能无怨无悔。

四、唱《追梦赤子心》，选择纵情燃烧

文艺委员领唱，全班同学合唱《追梦赤子心》，在激扬的旋律中振奋精神。

设计意图：《追梦赤子心》是一首深受高中生喜爱的充满正能量的流行歌曲。合唱此曲，不但能够让学生振奋精神，而且能够让集体中的每个人形成积极的心理投射，让处于集体中的每个人感受到来自集体的力量：我不是一个人奋战在这条备考之路上，而是和一群志同道合、朝气蓬勃的朋友携手前行。

班会总结：

同学们，没有分数，我们赢不了高考；但如果我们只有分数，也赢不了人生与未来的大考。面对高考，我们肯定重视分数，但高考备考中铸就的坚强不屈的意志、笑对挫折的勇气、团结互助的精神……这些将成为我们人生中最宝贵的精神财富。老师希望从这里走出去的每个人，无论今年是金榜题名，还是名落孙山，都不会让岁月带走无邪，让善良败给名利。你的心中要有国、有家、有理想、有道德，要有仁、有爱、有情、有义，这样你才能真正地战胜高考。抛弃杂念，放下焦虑，像那支水中的蜡烛一样，拼一月不遗余力，搏一个无怨无悔吧。

第三章　经典案例分析

案例分析就是直面班级管理中存在的问题，并在实践中结合教育理论知识解决问题，最终实现创新和发展。

因年轻被质疑，须专业且用心

案例再现：

近来，青年班主任小瑞老师比较苦恼，一是因为在期中考试后召开的家长会上，因班级成绩最后一名，受到了部分家长的质疑和责难；二是因为家长会过后的一周，班里的副班长因看不惯某同学而纠集校外人员打了该同学。小瑞老师情绪比较低落：硬着头皮继续干，会很痛苦；辞去班主任一职，又心有不甘。对此，河南省韩明月名班主任工作室围绕"年轻老师适不适合当班主任？被家长质疑怎么办"这个问题进行了研讨。

第一部分：成长的烦恼

年轻班主任须辩证看待自身优势，转变角色，迎难而上，用行动证明能力

主持人（韩明月）：

小瑞的身上多多少少都有我们当初的影子，请大家帮他思考为什么会出现这种情况？如果持续这种状态，会有什么后果？请大家畅所欲言。

王军转老师：

作为一个新手班主任，我浅谈一下自己的看法。对于小瑞老师的处境，我深表同情，我曾经也有过类似的担忧，怕自己因资历尚浅而受到家长的质疑。这是不争的事实，也没办法改写，人总得有个成长的过程，如果自己内心深处接受不了不完美的自己，往往会苛责自己，这样往往束缚住了我们的手脚而使我们变得畏首畏尾。所以，不妨放开一点儿，大胆尝试，勇于创新，只要出发点是好的，学生和家长是能感受到教师的用心和真心的。这一点不容怀疑。

很多时候，他山之石不一定适合自己，何况教育对象是一个个复杂的个体，教育经验只可借鉴不可复制。所以，小瑞老师完全不必因为年轻而妄自菲薄。相反，小瑞老师有着许多老教师无法比拟的优势，比如精力充沛，家庭干扰因素较少。更重要的是，小瑞老师善于学习并乐于学习，富有创新意识。只要思想不滑坡，方法总比困难多。

小瑞老师之所以受到家长责难，很可能是因为他在师生关系中处于被动地位，这是我们班主任管理工作中的大忌。无论何时，班级这艘大船的舵，必须牢牢掌握在我们手中。班里成绩考得不好，面对家长要深入分析原因。影响学生成绩的因素很多，不仅仅是班主任这一项。当然，如果班级学风不好，那就是班主任的工作问题了，这个是可以通过后期努力去修正的。总之，不宜一时冲动，辞掉班主任。

周鹏飞老师：

小瑞老师刚毕业，胸怀理想、一腔热情，还能和学生打成一片。他是年轻班主任的代表，他身上的这些优点也是成为优秀班主任最需要的资质。不过，有时优点就是缺点。由于年轻，有些事考虑不周到，容易想当然，班级工作中便会出现这样那样的问题。比如，成绩没考好、家长不理解、学生打架等。小瑞老师想不开，打算辞去班主任也在情理之中。但是，如果这样做，他将错失一个良好的成长机遇，等他幡然醒悟，恐怕为时已晚。

"困难像弹簧，你弱它就强"，小瑞老师要辩证地看待自身的优势，积极理性地寻求强班措施，而不应一时冲动，辞掉班主任。

李阳阳老师：

今年是我入职的第八个年头，看到小瑞老师就想到当年的我。刚入职时，我充满激情和热血，但很快就变成了霜打的茄子。学生基础弱、坏习惯多、课时少，教学活动开展起来特别难，这导致我一度很想辞职。在反复的思想斗争中，我思考了一个问题：如果我还要做一个老师，我想做一个什么样的老师？这些孩子谁来教？实际上最终的答案和李镇西老师书中所言不谋而合：他们更需要优秀的老师！所以解决这一问题，应该从如何使自己变得优秀下手。把别人的评论先放一放，把自己的消极情绪放一放，先想办法把工作做好。

高单单老师：

小瑞老师面临的主要问题是自我角色的认知和转变的问题——从大学里无忧无虑的大学生一下变成备受瞩目的班主任，一时无法适应角色转换也是正常的。但是，作为教师，尤其是作为班主任，是迎难而上还是知难而退，这不仅仅是教师自身的成长问题，更影响到时时关注着教师一言一行的学生。如果小瑞老师不及时调整心态，将消极情绪传染给学生，将给学生带来消极的影响。

高静老师：

其实作为新手班主任，小瑞有他特有的优势。小瑞刚参加工作，对工作干劲儿十足，同时也有充足的时间，并且精力充沛。他为人热情，对学生也很关心，这样更有利于走近学生，更容易获得学生的认可和青睐。他有理想，更能激发学生的斗志，帮助学生树立理想和目标。

但同时，作为新手班主任，有激情的同时也往往容易被情绪牵着鼻子走。对于成绩问题，小瑞刚参加工作肯定很重视。面对暂时的失利，面对家长的质疑和责难，小瑞在难过的同时应该思考自己存在的问题，学生存在的问题，家庭教育的问题，从多种层面来分析原因，有针对性地解决问题。

冯爱霞老师：

案例中的小瑞老师为人热情，有理想，与学生亲近，这是所有新教师、新班主任共有的特点，也是他们最大的优势。与学生亲近并不妨碍其严格管理班级，严而有度、严而有爱，则更难能可贵。

有了这样的班主任，应该是学生的幸运、家长的幸运。

对于家长的偏见或是误解，小瑞老师要引导家长认识到家庭因素也会影响孩子学习的状态。毕竟，优秀的个体孕育于优秀的集体，如果每一个孩子都力争上游，都成绩理想，这个班级怎么能成为倒数第一名呢？当然，我也建议小瑞老师对学生更严格一些。

对于副班长纠集校外同学打自己班级同学这个事件，我认为它是一个个案，按校规处理即可，不应为此情绪化地进行自我否定。

第二部分：成长的阶段

在模仿中转型，在转型中成熟，在成熟中创新

主持人（韩明月）：

如果你是一位参加工作不久的年轻班主任，你打算怎么与小瑞老师共同成长？如果你是有着一定班主任工作经验的青年班主任，你打算怎样帮助小瑞老师度过这段困难时期？如果你是一名经验丰富的班主任，你对小瑞老师的专业成长有什么好的建议？请大家结合自身的实际情况给小瑞老师支着儿。

李芳芳老师：

我就分享一下我第一年当班主任的经历吧。其实，刚上班第一年，我在班级管理方面也受到过质疑。第一年，领导给了我一个换了三位班主任的初三毕业班，我是他们的第四任班主任。我是硬着头皮接下这个班的。

班上有 10 名学生爱学习，为了更好地提高他们的学习成绩，我就学着魏书生老师的做法，使用边角料法，每天利用放学后的 15 分钟帮助他们学英语，利用早上上课前的 10 分钟帮助他们学语文，学完当即默写、纠错，再记忆。因为我住校，所以能陪他们一起学。谁能坚持两周我就有小奖励，他们既取得了成绩的进步，又收获了相应的奖励，而我收获更大，收获了他们的信任。

与此同时，我也加强对其他学生的管理。有错误不姑息，他们抱团犯错，想着法不责众。但我偏偏要和他们较真，而且一个一个谈话，每个人的惩罚方式不同，先把他们的小团体打散；然后让他们一一登记自己的犯错时间和事件，只要承诺每天进步一点点，允许他们自己给自己定好规矩，由班级学生来监督。坚持一周不犯错，就可以获得奖励：消一次犯错记录。每一次都记录，让他们知道我是认真的。同时还巧用他们的"哥们"关系，鼓动有特长的学生参加运动会、艺术节等比赛，对其他男生进行一对一或一对多服务，使他们全参与到班级活动中。时间一长，他们慢慢地对班级感情深了，再用班级荣誉约束他们、励志故事鼓励他们就比较管用了。

现在想想，第一年是我受挫最多的一年，也是我付出最多的一年，更是我收获最大的一年。随后的几年班主任生涯中，每每遇到难题，我都会想起第一年的全身心投入。只要心在学生身上，真心去帮助学生和陪伴学生，最后都会收获满满，守住真心，坚持不懈，一切质疑都将变成浮云。

韩明月老师：

首先，作为具有一定工作经验的班主任，我会鼓励这位年轻的班主任，评价班主任工作不是看年龄，更多的是看工作态度和热情。2020年，鹤壁文科排名第一的"学霸"和理科排名第一的"学霸"露出庐山真面目。其中，鹤壁学生豆佳豪，在2020年高考中以713分成为鹤壁市高考理科第一名。记者采访后发现，不仅学霸本人厉害，他所在的班级鹤壁高中高三19班也很厉害：全班一共57人，56名同学的成绩都在600分以上。而班主任今年刚刚25岁，也就是说这是她在22岁大学毕业后带的第一个班级。成绩可以证明一切！别人说什么不重要，重要的是自己的做法！成绩的取得不是一蹴而就的，要想尽快让家长信服并且支持自己的工作，可以在日常工作上下功夫。比如，每周和家长交流一次孩子在校的情况。老师的努力，家长是看得到的。在家长会上，家长对老师不信任，我认为更多的不是因为年龄，而是因为平时的工作可能还没做到位；做好了，家长自然会改变态度。

还有一个故事，我认识的第一批河南省名班主任工作室主持人——新乡二十二中的赵方强老师，曾经接了一个各方面都非常难管的班。因频繁调换班主任，家长对学校和老师已经有了很深的误解。刚开始开家长会时，每位家长都是他一个个打电话亲自联系才喊过来的。对于家长的误解，他都是用耐心和爱心来化解的。终于，精诚所至，金石为开，他最终得到了家长的信任和理解。因此，作为班主任，面对家长的误解，我们自己首先要放正心态。

对于班里同学与其他同学发生矛盾这件事，看似是难题，但处理得当，也是取得家长信任的契机！恩威并施，把握方寸和尺度，在个别教育的基础上进行集体教育，调整好自己的心态，积极面对，问题就会迎刃而解！

卫婴婴老师：

首先，横纵比较，自我剖析。学生的成绩除了要和其他班级的学生比较之外，还需要和学生自己的多次考试成绩比较，比较进步、退步，学生的平时表现等，详细分析其中的原因。班主任要向家长展示自己的优势，班级管理的理念规划等。

其次，考虑到"首因效应"。在和家长们集中交流前，做好铺垫和准备工作，如提前和个别家长针对学生的各科学习情况进行有针对性的交流。人往往存在思维定式，但我们每做一件与对方有关的事，就是在增加或较少自己在对方心中的信任程度。

最后，做好自己的成长规划。养成善于学习、乐于学习、主动学习的习惯，要注意积累教学工作经验。

徐海滨老师：

作为有一定班主任工作经验的青年班主任，我会积极地鼓励小瑞老师。因为他为人热情、有理想，和学生也很亲近，是当班主任的好苗子。

班主任的专业成长是一个较长的过程，每一位班主任都会经历小瑞老师这样的苦恼，这是成长为一名优秀班主任的必经之路。首先要做的是向其他班主任多学习、多请教，做好记录，如果遇见类似问题，可仿照其他班主任的管理经验来解决，这是成长的第一个阶段——学习（模仿）阶段；其次，班主任的成长进入第二个阶段——转型阶段，由模仿学习转变为形成自己的班级管理模式，一些管理技巧、方法还比较零散，但是已经属于自己并适合自己；最后，进入成长的第三个阶段——成熟阶段，这个阶段的班主任有了自己的一套行之有效的班级管理体系，学生属于什么类型，他都能够在短时间内研判清楚，并施之以针对性较强的教育方法。

王姣敏老师：

除了模仿阶段、转型阶段、成熟阶段，我认为班主任还有一个成长阶段——创新阶段。"创新"是对经验的超越。当然，要进入这个阶段很难，因为这不仅需要班主任工作量的积累，更需要质的飞跃。

曹景景老师：

作为一名新手班主任，上面有经验的班主任说的内容真是让我收获满满。结合我自身的经历，我给小瑞老师提一下建议。

首先，作为"菜鸟"，一定要向高手取经。尤记得初一开学初，我向办公室里所有班主任询问过卫生安排、座位安排以及他们执行的加分政策，详细阅读了他们制定的班规，从中吸收、转化了一部分经验。事实证明，这点很重要。

其次，与家长的沟通也至关重要，尤其是首秀。第一次开家长会，我心情忐忑，准备了满满几页纸的内容。准备充分，这让我克服了紧张情绪，也收获了家长的好感。当然提前详细地了解每一个学生的家庭状况也很必要，有的放矢地和家长交流会让家长感受到班主任的态度与能力。

最后，我觉得一定要对自己有自信心，相信自己在前辈的帮助下一定会在班主任成长的道路上走得更远。

李阳阳老师：

我认为小瑞老师的成长可以从以下几个方面着手：首先，阅读教育书籍。教育的方法和技巧早已被诸如李镇西、魏书生等无数优秀老师记录下来，坚持阅读一定能使自己从思想上、方法上快速进步。其次，结合实践写教育反思，是一个教师快速成长的途径之一。写教育反思的过程不仅可以让我们冷静地思考问题，还能锻炼我们的文字表达能力。最后，有紧急事件也可以向有经验的老教师求助，老教师经验丰富，处理方法有一定的借鉴意义。但也要有自己的思考。

结合我自己的成长历程，我认为让学生坚持写成长日记并定时批阅是个好方法，有利于师生共同成长。而对于那些不利评价，无须辩解，行动会更有说服力。

高静老师：

最好的成长方法还是坚持学习。

教学上要向同学科教师学习，看他们是如何突破难点的。其次是抓落实，一定要明确学生的掌握情况。不能想当然，这样一步步慢慢提高成绩，自然能够获取家长的信任。

在班级管理方面，为避免自己没有头绪，还是多请教，抓细节，定班规，一开始就树立起威信，从而为以后的班级管理开好头。小瑞老师不要灰心丧气，我们可以多学习，多读书，从中获取营养。我最近看了一些班级管理的书，感觉特别好，不仅可以找到班级管理的方法，还可以调节自己的心情，正确看待学生的问题。

第三部分：成长的蜕变

使班主任成为班主任的，不是各种证书，而是那条永不止步的成长之路。

主持人（韩明月）：

作为年轻班主任，我们如何规避小瑞老师遇到的问题？这对你的专业成长有何启发？

张佰征老师：

保持一颗真心。在做班主任的这十年里，我一直觉得真心最为重要。真心是真爱教育之心、真爱学生之心、真爱自己之心。

真爱教育之心就是不忘从教初心。既然选择了这个行业，就要坚持"学高为师，身正为范"。我想用郑美玲老师 40 岁评上正高的事迹，告诉小瑞老师学科教学和成绩的重要性及其对班级管理的意义；想用张玉滚、童长窝老师的事迹告诉他坚守初心，方能拨云见日；我还想用自己刚参加工作时的实例，告诉他每个人都可能被别人看轻，但重要的是自己的教育真心不能被别人看轻，要努力让别人对自己刮目相看！

真爱学生之心。作为中学生，他们都有自己的认知，到底是真爱还是有所图，他们能分得清，也能感受得到。

最后一点，真爱自己之心。真爱自己就是通过各种途径不断提升自己，让自己更优秀。与其躺在床上玩着手机虚度光阴，不如静下心来，读几本书，写几篇笔记。因为我们都知道，工作繁多不会使我们痛苦不堪，满腹牢骚才会；荆棘挫折不会使我们走向迷途，放弃才会；总结反思不会使我们过度劳累，随波逐流才会！

祝小瑞老师做最好的自己！最好的老师！最好的班主任！

也送给成长中的自己三句话：唯真爱教育才能坚持做班主任，直到找到方法，渐被认可；唯真爱学生才能被学生认可，才能感受教育之乐；唯真爱自己才能拥有无限能量，无惧人言。

王姣敏老师：

如果说能使唐僧成为唐僧的，不是万卷经书，而是那条取经路，那么能使班主任成为班主任的，则不是各种证书，而是在成长路上的永不止步。

在班主任专业成长方面，年轻班主任首先应与本校富有经验的老班主任加强交流，或是通过观察思考来学习，然后践行。年轻班主任应该多做、多听、多想、多总结。同时，年轻班主任可以利用自身优势，多陪伴学生。当然，在陪伴过程中要坚持严管与厚爱并行，让学生感受到班主任工作的"原则性"。

其次，与其他班主任一起，抱团成长。积极参与班主任培训，或是积极参加班主任工作室的活动，和志同道合者一起探讨。无论是经验上的吸收借鉴，还是情感上的相互鼓励与扶持，都对班主任的专业成长有莫大的帮助。

最后，我们要努力认清现实。

作为年轻班主任，我们必须常问自己三个问题：

1. 我们真的了解自己的学生吗？（为了了解自己的学生，我们做过什么）

2. 我们真的理解学生的家长吗？（为了理解学生的家长，我们有没有在轻松的氛围中和学生的家长交流过）

3. 我们真的熟悉这个时代吗？

网络时代，教师在学生的面前几乎没有什么信息优势。所以我们必须在阅读中提升自己，在实践中完善自己，在学习中紧跟这个时代的步伐。

这里所说的学习，其方式是多种多样的。我喜欢和已经毕业的学生交流。他们对校园生活的回忆，坚定了我坚守教育阵地的信念。而他们多姿多彩的生活，又像一面镜子，将我的可能与局限清晰地映照在我面前。每个人的认知总有局限，能力总有边界，所以我们需要从不同的角度，搭建更多的桥梁，来促进自己的学习，使自己始终保持与时俱进。唯有这样，我们才能更深入地了解学生，更全面地促进学生成长和自己成长，才能过一种"幸福完整的教育生活"。

(本文系《教育时报》发表作品)

关注心理健康，关爱学生成长

案例再现（提供者：张佰征）：

伟同学终于回来了，结果不到两天又要走了。他说他难受，想打人，他怕伤害到同学，所以他决定回家。我看着这么大一个男孩儿，心头禁不住有些酸楚。

伟同学和他的母亲相依为命，靠着外公留下的积蓄生活。伟同学的母亲是最早一批网恋结婚的人，婚后过得并不幸福。

我望着他空洞的眼神，问他有没有咆哮过，有没有号啕大哭过，有没有彻底释放过自己。他说都没有，小时候跟着父亲生活，那时自己只是用来折磨母亲的工具；后来跟着母亲生活，面对的则是两个家庭无休止的仇怨，直至外公一病不起，父亲离世，两家人才消停下来。这么多年，不敢哭，不敢笑，更不敢闹，用他自己的话来说压抑太久，已经抑郁了。我觉得他应该释放自己，减轻自己身上的压力。他说回家释放，免得影响别人，真是个懂事而又可怜的孩子。

我祈愿你早日康复！

精彩分享：

周鹏飞

关键词：交流沟通 关心陪伴 家校协同

从案例中可以看到，伟同学是个"问题少年"。三天两头"出走"、不能很好地完成学习任务，他眼神空洞，内心压抑太久，以致抑郁，失去了一个中学生应有的乐观心态。这些问题和他的家庭有莫大的关系。

父母感情基础薄弱，母亲婚后并不幸福，父母经常争吵甚至打架。这些情况都说明伟同学的父母不善于表达、太缺乏沟通，夫妻关系不和睦。家庭功能和父母的榜样、教育作用没能很好地发挥出来，父母给予伟同学的爱太少等原因都"影响"了伟同学的健康成长。当然，这些"磨难"在一定程度上又激发了伟同学的独立意识。

如何解决呢？除了文中提到的"让孩子多释放、减轻压力"，班主任还应该多和伟同学的家人（主要是伟同学的母亲）交流教育孩子的方法，让他们多关心和陪伴孩子，给予这个年龄阶段的孩子应有的爱。在学校，我们作为老师也要多关注伟同学的学习和生活，发动大家来关爱伟同学，增强班集体和学校对伟同学的吸引力，让伟同学转移注意力，更好地投入到学习当中，在温暖的班集体大家庭中，慢慢走出阴霾，变得自尊、自信、自强！

从这个案例中，我们可以再次感受到家庭教育的根本地位。学校教育是第二位的，家庭教育才是第一位的。只有家长好好教育，孩子才能天天向上！所以，我们班主任的工作对象不光是学生，还有家长。我们在做好学生教育工作的同时，一定也要做好家校的沟通工作！

李芳芳

关键词：尊重 关心 爱

案例中的伟同学的心理出现了问题。这个男孩儿懂事又可怜，令人心疼。通过这几年和学生的接触，我发现"问题学生"背后一定有一个"问题家长"或"问题家庭"。作为教育工作者，我们虽然改变不了孩子的家庭，但我们可以给予他尊重、关心和爱，营造良好的学习氛围，让他敏感的神经得以放松；可以尝试让班里的同学给他写信，班主任也可以给他挑选励志故事书等。总之，班主任应尽自己最大的努力，尝试各种方法，帮他走出困境。

徐海滨

关键词：责任 呵护 引导

李镇西先生曾在关于家庭教育的报告中说过一句话："学校教育非常重要，但无论多么重要，都只是家庭教育的重要补充。"案例中的伟同学出生在一个不幸的家庭，这是客观事实，不是我们能人为改变的。但是，伟同学本质上是一个善良懂事的孩子，他只是缺少父母的关爱和家庭的温暖。经师易得，人师难求。学生的心灵需要我们去呵护。作为班主任的我们，有责任帮他一把，尽自己最大的努力去弥补他人格上的某种"缺陷"，助他成人。

高单单

关键词：耐心 信心 善意

家庭教育的重要性不言而喻。家庭教育的缺失是由多种原因造成的，因此班主任要有一双透过现象看本质的慧眼，及时发现家庭教育缺失的原因。对于家庭不幸福的孩子，我们要给予他们足够的耐心与信心，让他们在安全舒适的前提下感受到来自教师的善意。

冯爱霞

关键词：自信 乐观 独立

就实例而言，父母的不断争吵，对像伟同学一样的孩子的消极影响确实非常大。要帮助这样的孩子，就要让他有被需要的感觉和成就感。想让他有被需要的感觉，可以让他做班委或者"师徒帮带"中的老师，让他感觉到集体或徒弟需要他；让他有成就感就是发挥他的亮点和长处，使之施展出来。让他感觉自己可以改变，改变自己的学习和生活方式，进而改变自己与父母的相处方式，进而增强其独立性。总之，授之以鱼不如授之以渔，真正能帮助一个孩子的方法是促使他自发地改变自己，将外在的变化内化为自己的闪光点和优势。

王姣敏

关键词：阅读 交流 引导 磨炼

记得上初二时，我父母的关系也十分紧张，每天回家我都感觉非常的压抑。我尽量缩短自己在家的时间，没事的时候就泡图书馆。当时最喜欢读的是三毛的书，她的《闹学记》《雨季不再来》等，治愈了我的一些伤痛。我仿佛只有在别人的故事中才能够忘掉自己身边的不愉快。有一次班会，我的班主任请了他的一个已经毕业去当兵的学生来给我们做交流。这位兵哥哥留下了他的联系方式，说有什么烦心事可以给他写信。我当时不知怎么想的，竟然给他写了一封长长的信，还给自己起了一个自以为特别浪漫的笔名，叫雪瑶（貌似是受琼瑶阿姨的影响）。后来惊喜的是，这位兵哥哥竟然给我回信了，他开导了我。虽然他的话也都是一些老生常谈，但却让我感觉生活中又有了一缕曙光。所以关于伟同学的问题，我认为有两剂良药——阅读和交流。除了对他的母亲提一些建议以外，班主任主要做的，一方面是引导他阅读，另一方面是给他搭建交流的平台。

家庭环境确实会对学生产生影响，但我们不能苛求每对父母都是理想的，每个家庭都是完美的，对于那些不理想和不完美家庭走出来的孩子，如果适时加以引导，他们同样可以眼中有光心中有梦。

王军转

关键词：心理干预 家校合作 沟通鼓励

如果我是孩子的班主任，我可能会从以下三方面入手：

其一，心理干预，或者心理治疗。

其二，跟孩子的妈妈进行一次深入谈话，晓之以理动之以情，尽量让其做出改变，积极修复母子关系，营造良好的家庭氛围。

第三，跟各科任课老师沟通，让各科老师多多关注该生。作为班主任，要对其进行全程把控，切不可让其放任自流！

生活习惯酿风波

案例再现：

高一新住宿生小青（女）生活习惯不太好，常常几天不洗脚，室友们总是有意无意地疏远她，她认为自己被同学孤立，就将此事告知了隔壁班上的好友小雨。小雨大大咧咧，是个直肠子。昨天晚上小雨送小青回寝室的时候，小青同宿舍的小琴阴阳怪气地说："有好朋友就是好，每天还管送寝室。"小雨认为小琴故意"内涵"自己，进而和小琴发生了口角，声音越来越大，最后演变成了两个宿舍的骂战，整个过程中小青一言未发，视若路人。后来在生活老师的干预下，这件事暂时平息。

问题一：今早你到校以后，宿舍管理员把情况反映给你。请问，作为班主任，你会怎样处理这件事？

姚闪闪

关键词：调查入手 淡化冲突

首先，我会让小青、小琴、小雨三个人分别手写一下事情的经过。了解之后，让同宿舍的人也写一下事情的经过。然后，我会根据她们所写的内容推敲一下谁说的是实话，谁有所保留，谁在说谎。自己捋一下思路，把事情的来龙去脉弄清楚。第二步，我会根据她们所写的内容，分别同她们谈话，仔细观察她们的一言一行、态度、表情。在这个过程中，我一定不能有任何的"偏袒"之意，让她们误解。也可以让她们充当演员，把这个场景再表演一遍，看看她们自己会不会笑场。如果重现吵架现场，她们会不好意思地笑，那问题就不会很大。

高静

关键词：了解缘由　解决矛盾

首先了解事情的缘由。让三位同学分别阐述自己的看法，也让学生看到老师的态度，即重视每一位同学。其次，抓关键，各个击破。先从小青身上找到切入点。每个人的表达方式各有不同，也有可能是我们误解了对方。所以在劝说小青的基础上，让小青表达自己对这件事的看法，并把想法告诉小雨、小琴，从而帮助她们化解矛盾。最后，找到宿舍内的其他同学，私下了解她们在宿舍的情况，从而真正解决矛盾。

张佰征

关键词：深入了解　避免冲突

我首先会对参与吵架的本班同学提出批评，然后通过和宿舍中本班同学的谈话，将事情的来龙去脉调查清楚，看是否存在"孤立小青"的情况；看争吵的原因究竟是什么，是别的班的同学替小青出头，还是别的班的同学和小琴本就不和？第三，我会找隔壁班的班主任商量如何避免学生之间发生更大的冲突。

李冰

关键词：批评　检讨

我认为整个案例的核心是：同学关系问题。

如何处理这一问题：做出对该事件的判断——批评；然后让几人各自书写事件经过、对事件的认识和正确的处理方法。（通过平日与学生的交流，我觉得用写出来的方式能够让相关同学对这件事的反思更深刻）

高单单

关键词：还原事情原委　弄清双方争执的缘由

1. 找小青和相关人员了解情况，不偏听偏信，最大限度还原事件，弄清双方争执的缘由；
2. 要求自己班的所有当事人以书面材料的形式写清事情的来龙去脉，要求将重点放在"自己说了什么，做了什么"；
3. 重点对小青和宿舍长进行批评教育；
4. 联合隔壁班的班主任协调处理。

王姣敏

关键词：全面客观找信息 做好分析判断

作为班主任，第二天到班后，必须告诉全体同学集体骂战不但损害个人形象，而且偏离理智的轨道之后，大家表达的意思会偏离本意，无助于任何问题的解决。接下来的第一步，先找一些同学进一步了解情况（这些同学可以不是这两个宿舍的，她们提供的信息可能更加客观），以便做好分析判断，这样才能够进行下一步工作，毕竟兼听则明，偏听则暗。第二步，确定此事确实与小青有关，但整个过程中，她只是无动于衷的话，那么我就打算"围魏救赵"。先让她们三个人写一下自己在整个事件中的"说了什么，做了什么"。在写的过程中，她们就会发现自己在言行上的不妥之处。掌握了这些信息之后，再进行具体谈话。先叫来小雨，让小雨倾诉，首先肯定她对同学的关爱，通过共情来取得小雨的信赖，同时指出小雨被情绪裹挟之后发生的事并不在她的控制之中；之后再叫来小琴，让小琴来倾诉，启发她理解"说者无意听者有心"这句话的含义，帮助她认识到想要让宿舍氛围好起来，其实另有他法。如果顺利解决好小雨和小琴的事情，我会提出作为小青的朋友和室友，她们是否愿意改变小青？如果愿意的话，我们一起来帮助小青认识自己身上存在的问题，包括生活习惯的问题……第三步，我打算在小青的面前，假装批评小雨和小琴（创设相似情境），看一看小青有什么反应。吵架事件毕竟与她有关，她当时没有反应，并不代表她心中没有反应。我相信小青当时心中肯定既害怕又后悔，想要道歉，却又纠结。我在责罚小雨和小琴的时候，也在给她释放情绪、唤醒自我的机会。

周鹏飞

关键词：从长远计 友谊长存

可以让小琴、小雨和小青角色互换。比如，可以让小琴和小雨角色互换，让小琴思考，当自己送好友回宿舍时，听到他人这样说好友，自己会做何感想？小琴要是被孤立的小青，又该如何？还可以让小青和小琴角色互换，让小青思考如果室友不勤洗脚自己将会怎样？

这起闹剧的根本原因是小青个人生活习惯不太好。所以，得多做小青的工作，让她养成良好的个人卫生习惯。不过，小琴"阴阳怪气"也不好，说明小琴的团结意识有待增强。我们也要注意多关心小琴，增强她的集体意识和宽容心。当然，小雨也没能很好地处理自己和同学间的关系，也要教育她正确处理与同学之间的矛盾，与人为善。

李芳芳

关键词：和睦相处　团结友爱

作为班主任，当宿舍管理员把情况反映给我后，我会先对宿舍管理员说声谢谢，多亏她的及时干预，才没有酿成大祸。然后再对她说声辛苦了，让她费心了，我和小雨的班主任一定会处理好孩子们的矛盾的。让宿舍管理员感到辛苦也值得。

然后，我会找到小雨的班主任，达成共识，以育人为目的，多方面了解实际情况，共同解决孩子们的问题。相信经过一夜的思考和沉淀，孩子们已经平静下来了，因此我们会先询问当事人的意见，本着和睦相处、团结友爱的原则，看看她们有没有好的解决办法。

如果达不成共识，我们再出面解决，让孩子们把事情的经过写下来，老师再把"朋友多了路好走""友谊的重要性"等道理讲给她们听，晓之以理，动之以情。

待解决完矛盾后，我们两个班再分别召开如何与同学交往的班会，让同学们学会正确的交往方式。随后，创设条件，举行篮球赛、拔河比赛等友谊赛，促使两班更好地相处。

事情发生后，我们作为班主任也要反思自己是不是忽视了宿舍管理，并以此事件为契机，好好借鉴优秀班主任的做法，避免此类事件再次发生。

陈柯宇

关键词：坚持总体原则　细化处理流程

1.总体原则

根据事情的轻重缓急和责任大小来逐步处理问题。就此次风波而言，首先要处理两个宿舍发生骂战的问题，让所有参与其中的学生认识到自己的言行产生的不良影响，不仅扰乱了宿舍纪律，还让人产生非常不适的观感和印象。然后根据个人在整个事件中所负责任的大小，严肃批评并按照班规校规进行处罚。最后在全班范围内以同学之间如何友好相处为主题召开班会，展开讨论，达成共识。

2. 处理流程

（1）班主任应该避免在尚不了解事情细节的情况下让两个宿舍进行集体对质或对双方进行批评，应该先找两个宿舍中比较冷静、具有正义感和纪律意识，同时又较为诚实的学生了解事情的具体情况。

（2）让隔壁班的小雨与本班的小琴（冲突的首要责任人）当面对话，先谈谈各自的感受。如果存在误会（小琴说的话未必就是真的在奚落和"内涵"小雨），可以先让学生说明自己的本意，消除误会。并让两人反思自己言行的不当之处，以及对整个宿舍造成的不良影响，坦言虽然在不同班级，但大家也是同学，应当珍惜同学间的情谊和缘分，最终引导两人达成和解。这一过程小青不必在场。

（3）召开两个寝室的集体会议，对双方均进行严肃的批评，使两个宿舍整体达成和解。整个过程并不需要隔壁班班主任在场。然后再与本班宿舍成员谈话，了解宿舍内是否存在歧视小青的现象，引导宿舍成员相亲相爱，相互包容。

（4）单独和小青谈话，重点询问一下小青的感受，让她回顾自己在事件中所扮演的角色和起到的作用。根据正面引导的原则，引导她谈谈自己在每一个事件节点上本应该怎么做，进而避免这次事件。最后谈谈小青在生活习惯、性格等方面存在的问题，以及这些问题可能带来的不良后果，引导其逐步改正。

（5）在班级内召开班会，消除影响，进行集体教育。

（6）最后再将这一事件及其处理结果告知隔壁班班主任，并且同小青家长联系，谈谈孩子的生活习惯问题。

（7）如果涉事宿舍中有自己班级的班干部，要对其进行单独询问。如果其存在不作为的情况，也应该对其进行批评教育，同时给予方法上的指导。

第二个问题更值得深思：对于小青这样的同学，我们作为班主任该如何沟通和引导？

刘萌

关键词：因材施教 探究因果

对于小青，帮助她认识到自身的缺点，并努力改正，让她尽快融入集体，找到自己在班级以及寝室里的位置。产生归属感是解决被孤立问题最关键的一环。

和小青谈话时一定要注意措辞，以免触动学生敏感的内心。谈话时除了注意用语，还可以辅以动作：拍拍她，拉着手，共同坐下来。让她放松下来，才能更好地与之谈心。

陈柯宇

关键词：立足本人 加强引导

小青这类学生在我的班级上确实存在。个人生活习惯较差，卫生状况也比较糟糕，床铺上、柜子里物品摆放杂乱，其他学生看他们时或多或少会带有一些异样的眼光。以小青为例，对待这样的学生，主要从两个方面入手，一是跟小青单独交流，先从意识上让她认识到集体生活中个人习惯和表现的重要性，为她制订整改计划，在平时要多跟踪她的具体表现，奖惩结合；二是跟小青的父母单独会面，告知孩子在学校的实际表现以及可能造成的后果，让家长认识到生活习惯的问题并不是可以忽视的小问题，要专门在家里教会孩子如何处理宿舍生活中的一切事务。

其中可能存在的问题就是，小青之所以会有生活、社交方面的问题，有可能跟其家庭环境、父母的性格以及价值观有很大的关系。这就要重点从小青本人入手，指引她如何摆脱、如何超越。

李阳阳

关键词：取得信任 打开心扉

对于小青，首先我得想方设法取得她的信任，了解她的生活习惯是怎么养成的。一般这样的孩子比较封闭，难以一下就敞开心扉。因此，我会很耐心地让她感受到老师是真的很关心她。等她愿意敞开心扉的时候，再以她自己为中心，引导她分析怎么做才能更好地融入班集体。同时联系家长了解家庭状况，与家长及时沟通并给予一定的引导，一起帮孩子打开心扉。在这个过程中，只要她有进步就要及时肯定她。同时也要肯定班级里其他同学的友爱和团结意识。

岳风伊

关键词：晓之以理 动之以情

"爱人者，人恒爱之。"对于小青这样的同学，班主任应先从心理上对其进行疏导，让她知道，想要融入集体，赢得大家的喜爱，前提是学会爱别人。只有保持自身卫生，不给他人带来困扰，大家才会接受她。其次，也应适当引导其他同学，以朋友之情尝试接纳小青。总之，晓之以理，动之以情，使小青改掉不良习惯，学会和同学和谐相处。

姚闪闪

关键词：走入生活 走进内心世界

首先对于小青本人，我想先了解她的情况，读高中之前她是住校生还是走读生；在家里，自己的生活起居是自己打理，还是由父母包办的。我们作为班主任，应该在开学初就充分掌握学生的情况。尤其是新的住宿生，他们是第一次住宿，第一次过集体生活，我们应多给予她们帮助和引导。同时也可以培养小助手，让那些住过校的，或者生活能力较强的同学帮助她们尽快适应住宿生活。

高静

关键词：融入班集体 增强凝聚力

面对小青这类同学，首先，班主任最好提前做好主题班会规划（因为是住校生），让学生认识到在集体生活中要做好自己的个人卫生，不能影响到其他人。其次组织集体活动（类似文明宿舍评比），让学生充分地融入班集体，融入宿舍，增强集体的凝聚力。最后，在增强凝聚力的基础上，告诉学生有矛盾要及时和老师沟通，学会用正确的方法解决问题。

周鹏飞

关键词：主动了解隐情

这个案例提醒我们，在教育教学中，处理同学间的关系是一件大事。我们得引领学生学会处理同学间的关系和与人交流沟通的技巧。小雨本是热心肠地送同学回宿舍，结果却因听不惯小琴的"阴阳怪气"而"大动干戈"，这是不会处理同学间的关系的表现；小琴明明是"羡慕"小青有人送却嫉妒起来，这也是不会处理同学间的关系的表现；小青"不讲卫生"，被孤立，同样也是不会处理同学间的关系的表现。所以，同人们，真得多和学生谈谈如何处理同学间的关系的问题。

王姣敏

关键词：私下沟通解决问题

对于小青这类同学，解决生活习惯问题是次要矛盾，提高人际交往能力则是主要矛盾。我认为暂时不要叫家长，如果班主任真的想要走进小青的内心世界，那么把家长叫来，很可能会适得其反，班主任可以私下和小青的家长了解一些情况。暂时不要开展以"生活习惯"为主题的班会，如果是在高中阶段，这个时候开展这样的主题班会，对小青来说可能是重大的打击，有可能会让她彻底关闭自己的心门。

李芳芳

关键词：学会接纳别人的"不完美"

大家分析了小青自身的因素，比较全面，我试图从外因的角度分析一下：

住宿生有很多需要学习的生活技能，如果班主任忽视了，没有在开学时给学生补上这个课，就可能会出现像小青这样的情况。小青生活习惯不太好是室友们总是疏远她的关键原因，所以班主任要深入了解学生的住宿生活，发现问题并及时召开相应的微班会，直至学生具备良好的生活能力。

室友们因为"首因效应"先入为主，会无限放大小青的缺点，忽视小青的优点。每个人都有闪光点，班主任可以通过日常观察挖掘小青身上的更多的优点，让大家更全面地认识小青。"金无足赤，人无完人"，每个人都应学会接纳别人的不完美。

韩明月

关键词：青春不该"冷漠"

我认为小青不仅仅存在个人卫生问题，从事情的整个经过来看，她除了不讲卫生，还存在跟同学交往方面的障碍。这样的孩子内心很脆弱，又不知道怎么处理和别人的关系，确实很值得关注。

姚闪闪

关键词：新环境需要适应期

小青昨晚表面上对这件事没有反应，不代表其内心对这件事没有反应，我们可以给她一个释放情绪、唤醒自我的机会。我最怕这个词——"冷漠"。我想案例里的小青能感受到同学在疏远她、孤立她，但她还能和好友"小雨"倾诉。而小雨这个大大咧咧、讲义气的姑娘能为她"出头",这说明,小青还是可以与人正常交往的,只是可能宿舍是新环境,大家在一起需要一个适应期。

高单单

关键词:对症下药

小青的无动于衷可能是冷漠,也可能是胆怯,要找到问题的症结,才能对症下药。我以前遇到过类似的问题,孩子是在单亲家庭长大的,父母都不愿意多管她,而且她自己又敏感,别人一句无心的话就会让她想半天。有一次,她因为别人说的一句"你穿裙子不好看"哭了好半天。后来时间长了,她也能和同学们打成一片了。这次吵架事件,我觉得可能是因为她们刚到新环境,或是第一次住宿,或许问题并不像我们想象得这么复杂。

第三个问题:这个案例给了我们什么启示?作为班主任,该如何培养学生良好的生活习惯和交往能力?

周鹏飞

关键词:启迪智慧 预见成长

我们要多利用班会课,教会学生正确处理同学间的关系和养成良好的卫生习惯。可以一周开一节游戏课,让同学们多多展示自己和认识彼此;还可以让同学们夸夸同桌(写他们的优点)、搞个趣味室内运动会、看一些能激发学生团结互助精神的视频。

有针对性地关爱性格内向的同学,引领全班同学多关爱这些同学。把班主任的个人行为转变为班集体行为,不但会鼓励个人,而且还会使全班同学更团结。

高单单

关键词:加强沟通 耐心开导

加强与学生的沟通。耐心开导他们,了解此类学生的想法和情感,从而给予他帮助和温暖。班主任一定要经常关心学生的生活和学习情况,多与学生交谈,让学生摆脱胆小怯弱的性格弱点,积极面对生活中的困难。

为这些学生创造交流的机会，鼓励他们多参与集体活动，给他们展现自我的机会，同时鼓励其他同学跟他们一起交朋友，让他们感受到班级的温暖。

尽力发掘他们的优点，及时发现他们的优点与特长，在适当的场合给予他们鼓励，让他们找到自信心与归属感。

刘萌

关键词：精心设计课堂　创设平等氛围

我会创设友爱平等的班级氛围，消除陌生感，让每个学生都能体会到集体的温暖。

精心设计课堂教学环节，教会学生怎样与人相处。其实语文课、品德课的教材中有很多教学生与人相处的课文，我们可以利用好这些课文，引导学生建议和谐的人际关系。可以组织丰富多彩的班级活动，如跳长绳，还有拔河比赛等，让学生感受到集体的力量。可以教学生一些与人交往的技巧。比如，结交朋友要真诚主动，要学会认真倾听，说话要文明等。

吴宏利

关键词：学会反思

这件事情给我最大的启示是班主任要学会反思。对于新生，班主任可以让每个人写个资料卡，包括"毕业的学校、个人的兴趣爱好、个人未来的职业理想、是否有意愿当班委、心里的秘密"等。班主任可以通过这个资料卡，对学生有一个初步的了解，并对资料卡上的信息绝对保密。然后，对于新的住宿生，班主任一定要多找学生谈话，多了解学生在学校生活中遇到的实际问题，鼓励学生跟班主任说"悄悄话"，从而更好地了解学生的状况。一旦发现学生情况异常，一定要给予其更多的关爱或者心理疏导，将问题解决在萌芽之中。另外，班主任还要在新生入学之际提要求、讲原则，从一开始就要把"博爱、和谐、团结、进取"这样的理念传递给自己班的学生，告诉学生在学校要遵循这些原则，用爱去影响爱、唤醒爱。

在实际教学中，班主任要学会抓住教育契机，在恰当的时间节点或事件点上开展养成教育，促使学生养成良好的学习、生活习惯。好习惯的养成不是一次两次班会就能实现的，所以班主任要经常性地找机会将养成教育的相关理念传递给学生。同时，开展一些挖掘同学们优点的活动，如为同桌画像、给同学提一个小小的建议等活动，对学生要多欣赏，多进行正面引导。

岳风伊

关键词：智育、劳育不可或缺

著名教育家、文学家叶圣陶先生说过："教育是什么，往简单方面说，只有一句话，就是养成良好的习惯。"在班主任工作中，我深深地感受到小学阶段是人的成长的起步阶段，也是人的基础素质形成的开始阶段。观察案例中小青的种种行为及心理，其实可以发现，这是其没有从小养成良好习惯的表现。在良好的习惯中，最基本的、最具有代表性的就是卫生习惯。我们要求小学 1—2 年级的孩子学会自己洗手，洗脸，自己穿衣服；3—4 年级的孩子学会帮助父母打扫卫生，整理衣柜等；每个阶段都有每个阶段的行为习惯养成目标。针对小青这一情况，班主任可以与其家长沟通，从生活小事入手，努力帮助小青将良好的卫生习惯培养起来。在性格方面，童年时期该有的自信、乐观、开朗、尊重他人等品质，在小青身上也没有形成。此刻外部环境就显得尤为重要，一个人的品质大都是在集体中养成的，如团结、宽容、友善等。所以此刻，班主任和其他同学一定要多与小青接触，通过聊天、谈心、鼓励、甚至是手把手帮助等方式，使小青感受到集体的温暖，感受到被接纳的愉悦！

姚闪闪

关键词：行为习惯至关重要

给我的启示：培养良好的行为习惯是至关重要的

我们学校的在学生就餐方面的要求是，每个班级派出六名同学提前到餐厅负责打饭，然后大家再排队去吃饭。吃完饭，同学们要自己把凳子收起，然后把桌子擦干净。好多班级每次派出的都是固定的六名同学，我们班不是，我们班是分成几个小组，每个小组轮流负责打饭的，有的同学在这个过程当中还学会了几项技能。几轮下来，有的同学把分发筷子做得炉火纯青，有的同学会把大盘子里的米饭切成豆腐块儿再盛到碗里。他们的技术越来越高超，捞面条的技术比我强多了。班干部在这个过程当中也锻炼了自己的人际交往能力。

结束语

韩明月

"希望得到别人的认同和赞美"是每个人内心的渴望。其实，我们终其一生都在努力成为最好的自己，希望在社会中有价值感和存在感，害怕被孤立，害怕被否定。但是，对于每个人来说，成长的过程又是那么不容易。要想让学生或者我们的孩子今后在生活和工作中更加游刃有余，就得让他们在学生阶段养成良好的生活习惯，具备较强的交往能力。这个过程也许有点儿辛苦，但未来美好的生活需要这些"基本技能"作铺垫。所以，趁着他们还没进入社会，趁着我们还能陪着他们，趁着有人提出他们身上存在的问题并帮他们改正，我们要做好学生的引路人，帮助他们提升自己，克服困难。

劳动教育，让学生发现另一个自己

案例再现：

上周，高一住宿生小刘因卫生问题被宿舍部扣分，对此班主任李老师给他布置了一项劳动作业：周末回家之后做做家务，并把做家务的照片或视频发给老师。小刘同学表示接受，但周末时他并没有按照要求将照片或视频发给李老师。

周一，李老师在和小刘妈妈沟通的时候，小刘妈妈解释道：孩子上高中了，主要任务就是学习。与其在家打扫卫生，浪费学习的时间，还不如多背点儿书呢！而且我也是个家庭主妇，每天在家也就是干干活儿，就这些活儿，不至于让孩子干，以后让孩子注意点儿宿舍卫生就可以了。

这让李老师感到很无奈。

讨论问题一：如果你是李老师，对小刘此次未完成劳动作业的事情将如何处理？

高静

关键词：学会倾听

假如我是李老师，看到小刘妈妈不配合的态度，虽无奈但也不能得过且过，放之任之。既然这个办法在小刘妈妈那里行不通，我便先和小刘沟通，看看他对因卫生问题被扣分这件事的态度。如果小刘真的认识到自己的问题并愿意接受劳动的话，可以把家务劳动换成学校劳动，让他明白在集体生活中，要遵守班级的规章制度，要对自己的一言一行负责，也要对集体负责。

高单单

关键词：培养学生的家庭责任感

无论出于什么原因，就结果来看，小刘同学并没有按照事先和班主任的约定完成"周末作业"。因此，班主任首先要告诉小刘的是，他失信了——班主任要求他劳动并拍摄视频，他既然答应了，就无论如何也要做到。所以，如果我是班主任，我会要求小刘同学，下次回家时要把缺失的视频给补上。其次，再次打电话给小刘同学的家长，向她申明劳动教育对培养孩子家庭责任感的重要意义，转变其错误的教育观念，通过家校合作的方式，获得家长的理解和支持。

刘萌

关键词：正面引导

对于小刘没有完成作业这一问题，我想我会先认真了解情况。第一，从小刘那里听听事情的真相——是他自己真的不想做家务、发视频，还是父母不让其做，问清他内心的真实想法。第二，处理问题。毕竟因为他班级才被扣分，而且他也没有完成劳动作业，所以决定将劳动作业换成在教室内重做值日。观察他的表现，如果他能做好值日，既往不咎；如果不能做好，在他值日的时候我会进行现场监督。等他做好值日后，和他一起欣赏自己打扫干净的教室或宿舍，与其谈心。在这个过程中，我们要始终坚信，小刘的内心肯定也有积极向上的一面。

陈柯宇

关键词：内因在学生 外因在家长

正确处理这次劳动作业未完成的问题，应该先对小刘没有完成作业的原因进行进一步了解和分析。首先，从与小刘妈妈沟通的情况来看，小刘没有完成劳动作业肯定与其妈妈的教育理念有关。小刘妈妈没有正确认识到劳动教育对孩子成长的意义，片面地把孩子的成长任务等同于学习。在这样的家庭教育氛围的影响下，小刘也无法正确认识自己的责任，容易养成缺乏劳动积极性、懒惰、依赖父母的不良习惯，其在学校生活中生活习惯不佳、不注重个人卫生、不履行公共劳动职责等问题也必然难以纠正。

其次，我们应该认识到，小刘自己的态度和行为才是其没有完成此次劳动作业的根本原因。无论小刘妈妈有怎样的教育观念，对于学生而言，完成老师（班主任）布置的任务都是硬性要求。如果小刘认真对待班主任布置的劳动作业，小刘妈妈应该不会制止孩子的行为。所以我们有理由相信，小刘自己对班主任的要求并没有强烈执行的意愿，甚至还有可能通过撒谎等方式使小刘妈妈成为其不完成劳动作业的后盾。

所以，解决此次劳动作业未完成的问题，关键在于小刘，其次才是小刘妈妈。如果我是班主任李老师，我将采取如下解决方法：

与小刘谈话，了解他对劳动的看法，以及没有按要求完成劳动作业的具体原因；

向小刘强调劳动的重要性，站在他的立场分析培养良好的劳动习惯对其在综合素养、生活状态、精神面貌、个人形象、人际关系等方面的重要意义。

及时更改劳动作业的要求，要求小刘在校独立完成，并对其进行指导、监督、评价；

在小刘完成劳动作业之后，再次与小刘妈妈进行沟通，最好能够提供小刘进行劳动的照片、完成效果，对其劳动表现进行积极评价，让家长看到孩子的进步。

冯爱霞

关键词：父母之爱子 则为之计深远

第一，任何作业都必须保质保量、按时完成！本次作业，小刘没有认真完成，可以让他到学校以后，由班干部或者班主任监督，在宿舍或者教室里认真完成该项劳动作业。第二，要做好家长的思想工作，让家长认识到劳动作业能够映射出孩子对待事情的态度。本次劳动作业是否完成，直接呈现的是孩子对待问题或者解决问题的方式和方法是否正确，最主要的是通过本次作业的完成情况可以看出孩子的态度是否端正。假如小刘这一项劳动作业完成得很好的话，那么在一定程度上，我们可以相信他在其他方面也会有很大的提升。

父母之爱子，则为之计深远。希望小刘妈妈能理解老师的良苦用心，像班委和班主任一样，监督孩子完成各项该完成的作业和任务。不仅在班级里，在家里小刘也应该担好自己的角色，做好自己应该做的家务，作为家长也需要督促他尽力去完成作业。孩子需要成长，家长更需要一起成长，这样才会达到相互促进的目的。

王军转

关键词：家校相互配合 培养独立健全人格

小刘没有完成本次的家庭作业，这件事既影响了和谐的家校关系，又在一定程度上损害了班主任的权威性。如果处理不当，后果十分严重。

如果我是李老师，我会从以下几个方面展开工作：

首先，我会反思自己跟学生及其家长的沟通是否到位。劳动是一个人全面发展的必备素质，无论是现在还是未来，都至关重要。这一点，在小刘犯错误后就应该讲给他听，让其从内心深处真正认识到劳动的意义。更要提前致电小刘妈妈，讲明布置本次家庭作业的原因和意义，让其积极配合学校工作，共同督促孩子改正拖沓懒惰的坏习惯，养成勤劳勇敢的好习惯，成为敢于担当的高素质人才。相信父母之爱子，必为之计深远。道理讲通了，小刘妈妈应该会明白班主任的苦心。

其次，在家校沟通中，我发现小刘妈妈对孩子过于骄纵，对孩子的高中生活的认知有偏差。高中生主要以学习为主，但学习不是全部，在我看来，培养孩子独立健全的人格比高考考取高分更重要。家庭教育与学校教育只能相互配合，不能相互替代。所以，班主任只能委婉地提醒小刘妈妈，注重对孩子生活自理能力、动手能力的培养。

再次，我会把工作重心放到做小刘的思想工作上，所谓"攻心为上"，我会通过正反事例来证明劳动对一个人的意义。同时，在班级中创造服务岗位，比如花农，负责班级内的花的养殖等工作。让其为大家做贡献，提高其对劳动的认同感。

最后，召开主题班会，营造"我为人人、人人为我"，热爱劳动，乐于奉献的良好班风，以集体的力量感化小刘。

李芳芳

关键词：形成家校合力

如果我是李老师，我会这样做：

首先，我会对家长的想法表示理解，毕竟高中生的学业压力大、学习任务重是事实。

其次，我会询问孩子不做此次劳动作业的真正原因。如果是忘了，补过来就可以了；如果是不情愿，就问问孩子他愿意做什么劳动。并把布置这次劳动作业的初衷告诉他：一是承担相应的责任；二是体验劳动的辛苦，珍惜劳动成果；三是劳动很有意义，我们都要养成爱劳动的好习惯。

最后和家长做好沟通。老师和家长的想法是一样的，都希望孩子能够健康成长、全面发展。老师期待家长的大力支持，形成家校合力，进而提高孩子的综合素养。

岳风伊

关键词：弱化强迫性 增强主动性

小刘答应了老师要完成作业，但却没有完成。首先我觉得老师应向小刘了解其未完成作业的原因及心理。鉴于小刘妈妈后来说的话，小刘完不成作业的原因有一部分还是在家长身上。其次，对于小刘来说，还是要不断加强劳动教育，可先教他整理好宿舍内务，再向他表明：身处集体中，一个人的卫生习惯不只会影响自己，还会影响到全班，使他明白老师给他布置这项特殊作业的意义。再次，在班级里为小刘特设劳动岗位，增强其在学校的劳动意识。最后，在孩子发自内心地认识到劳动的重要性，有了明显改变，且有主动劳动的意愿后，再有的放矢地和其家长交流，说明劳动教育的必要性和重要性。否则单纯告知劳动教育的意义，估计家长是不会改变自己的想法的。

姚闪闪

关键词：言而有信

首先，我会反思自己布置的这次劳动作业是否合适。因为很明显，我布置的这次劳动作业是针对小刘同学一个人的，而不是面向全班同学的。所以，在他看来这是惩罚，不是作业。

其次，小刘同学答应了老师要完成作业，也要拍照片、发视频，但是他没有照做，也没有完成作业。这从两个方面来说，小刘同学身上存在两个问题，一是没有完成作业，二是没有做到言而有信。

再次，制度就是制度，约定就是约定。班级里一定有关于宿舍卫生被扣分的班规，既然如此，就要按照规定去处罚。

最后，我会给小刘同学提建议，让他为集体做一件事情，作为对劳动作业的一个暂时弥补，这个弥补是针对其言而无信的行为的"附加劳动"。

王姣敏

关键词：强化正面激励 体验劳动之美

从表面上看，这是一个由未完成班主任布置的劳动作业而导致的家校矛盾，但实则却是一个以劳动教育为主题的家校共育问题。

问题一，怎样处理小刘未完成劳动作业的问题？

首先，直面问题，坦诚交流，耐心倾听。引导小刘说出自己未按时交劳动作业的原因和真实想法。若确实有客观原因，可另给其他机会补救；若是在劳动时受到母亲的劝阻，那么就要告诉小刘，要择机与母亲心平气和地就此事进行交流，同时告诉小刘，班主任也会从中协助；若是小刘本人对此认识不足，可指出这不是其个人的问题，而是学校寝室的规章制度——硬性要求，同时强调轻视劳动的坏习惯不仅影响他人、集体，还会给自己的个人形象带来损害。

其次，在班级管理中可以参照"人人有事做，事事有人做"的规则给小刘安排一些具体事务和常规劳动，或定期组织"劳模评选"活动，强化来自老师、同学与家长的正面激励，让小刘及像小刘这样的同学从自己的体验和别人的认可中获得劳动的成就感。

再次，定期组织男女生寝室对换评选活动。要让同学们认识到，整洁的生活环境不仅是个人素养的体现，也是个人形象的表现，甚至会影响人际交往。在劳动这方面，因劳动付出的辛苦与劳动结束后的成就感是成正比的，品尝劳动的辛苦与珍惜劳动的成果也是呈正相关的。如果小刘没有身体力行，那么他在珍惜他人劳动成果和享受劳动的成就感上是有所缺失的。其实，对于学业紧张、脑力劳动多的学生来说，参加劳动也是一种很好的放松身心的方式。

最后，在家庭方面，在没有跟家长取得沟通，达成共识之前，鼓励小刘在家庭中暂时先从一些小事做起，用自己的"微行动"逐渐改变母亲对劳动（如高中生做家务）的态度。

韩明月

关键词：劳动与学业相辅相成

无论是劳动作业还是各科作业，我觉得它们都是一样的。首先，要让学生对劳动有一个正确的认识，逐步改变他们对劳动的想法；其次，无论是因为卫生问题被宿舍部扣分，还是没有完成老师布置的劳动作业，这些问题都要依据班规班纪进行处理，这样做一方面可以维护班级制度，另一方面可以通过适当惩戒，引起学生对劳动作业的足够重视；再次，在此基础上，就此次事件单独和小刘谈话，让其在校内承担一些体力劳动任务；最后，面谈沟通。以上举措不是为了让孩子完成任务，而是为了切切实实地全面提升孩子的综合素养。

卫婴婴

关键词：为自己的错误承担责任

我会这样做——周一见到小刘，心平气和地问他：他怎么没有完成我们之间约定的这件事？也许孩子还会说是妈妈不让自己做。（现实中经常遇到这种情况，孩子习惯于找客观理由）

接下来继续引导：这件事的结果是什么？孩子应该能意识到，这件事他没有完成。继续引导：那你怎么看？这时孩子也许又回到了找客观理由这一步。继续帮他分析：这个任务难不难？能不能做到？孩子会说：不难，可以做到。继续引导：你能做到的，也答应老师了，却没做到，已经失信于老师了，这件事该怎么解决？引导孩子思考并回答。

到这里，孩子基本上已经意识到两点：一、应该为自己的错误承担责任；二、失信于人的滋味不好受。这时，孩子大概率会主动申请在班级劳动或者回家完成家务作业。我会对他的自省能力表示肯定，同时再给他一次自己承担责任的机会。当他认真完成以后，我会在班上给予其肯定，让大家学习他的知错就改的好品质。

徐海滨

关键词：发展不仅仅在智力方面

这个劳动作业要抓着不放，必须完成。但是需要想办法，即如何在家长的配合下，引导小刘同学完成作业。主要还是要做小刘的思想工作，重点从有益于他自身成长的角度，向他讲解劳动的意义，让他认识劳动的重要性。然后和小刘妈妈沟通，主要表达以下观点：孩子的发展不仅仅是在智力方面；家务活不多，但可以培养孩子的责任心和担当意识，有益于孩子将来成人成才。如有条件，可以来个家访，和家长深入讨论、交流劳动的问题。

周鹏飞

关键词：劳动惩罚不等于劳动教育

我们常说德、智、体、美、劳五育并举。因为五育是水乳交融、相互作用的。每一种教育都是学生健康成长、全面发展离不开的。劳动教育既能锻炼、提高学生的劳动技能，又能促进学生德、智、体、美的进步。但是，我们不能片面强调劳动教育的重要性（为了劳动而劳动），尤其是为了惩罚学生而让学生接受劳动教育。这样做，会走到教育的反面，会让学生讨厌劳动，进而会影响其他四育的进行，从而不利于学生的进步和成长。对于劳动作业，学生小刘表面上答应，而实际上却不配合的态度和行为已露出端倪。透过小刘妈妈的"振振有词"也可以看到，他们对老师的"处罚"很有意见。

所以，"宿舍风波"的背后，看似是劳动教育的争议，实则还是教育理念和师生关系、家校沟通的问题。

我们可以在宿舍被"扣分"后，深入了解一下小刘同学的内心，找到他对这件事的看法，弄清楚事情的原委，然后再做出处理。这个处理一定要让学生发自内心地接受，哪怕只是一句"下次注意"的批评，而不要"迫使"学生"不情愿"地受罚，这起不到"教育"的作用。我们在处理这件事时，可以先和学生的家长沟通一下，听听家长的看法，既可以避免被动，又可以让家长"帮忙"给咱们出出主意，何乐而不为呢？

劳动教育和劳动处罚是两码事，最好不要通过劳动对学生进行处罚。在学生打扫卫生时，我们要到场，可以指导，也可以"亲自"上场，和学生一起享受劳动的快乐！

论后反思：

小刘同学因宿舍卫生问题被扣分而影响到集体，对此可依据宿舍规章制度做相应处理；答应了老师却没有完成老师布置的"特别作业"，确实言而无信，对此可耐心倾听小刘同学的想法，和他深入交流，再次明确要求，给予补救机会。此外，李老师也需要反思。李老师认为自己在通过布置劳动作业这一形式来引导学生学会劳动。但对于小刘同学而言，这个只属于他一个人的"劳动作业"的惩罚意味较强，很难唤起他的主动性。当"劳动"成为惩罚，培养学生"热爱劳动"的意识和习惯恐怕就难上加难了。能否结合学生各方面的情况寻找或创设吸引其自愿劳动的契机呢？这个比较考验班主任的智慧。

小刘妈妈的不配合在此次"劳动作业"未完成事件中虽然是个外因，但若李老师在布置"特别作业"之前就和小刘的家长进行交流，也是可以避免的。而在发现"特别作业"未完成之后，才去打电话和家长"沟通"，家长会如何理解这个"沟通"呢？家长可能会觉得这是在"兴师问罪"。在这个事件中，家校共育工作显然滞后于劳动作业的布置，这也是李老师在和家长的沟通中陷于被动的重要原因。

对小刘同学未完成此次作业的处理不能过于简单，除了深入交流以外，还要结合学生自身特点和班级需要让他自选岗位，让他在劳动中体验劳动之苦，收获劳动之乐，思考劳动之效，在体验、收获、思考中成长，这样才能真正解决问题。

问题二：在第一个议题中，老师们都谈到要和家长进行沟通，那么接下来请回顾你以往的经历，结合《中华人民共和国家庭教育促进法》（2022 年 1 月 1 日起施行）回答第二题：班主任遇到同小刘妈妈一样的家长时，会如何与其进行有效沟通？

陈柯宇

关键词：溺爱未必不是一种伤害

与小刘妈妈这样的家长沟通，我通常会从正反两个方面向其解释劳动教育的重要性，摆事实、讲道理。要在不改变家长对孩子的期望、不对家长的价值观产生根本冲突的条件下，让其认识并接受科学的教育理念。

一方面，应当让家长认识到劳动教育具有重大意义。它不但能够提高孩子的独立能力，帮助孩子培养良好的生活习惯，陶冶其情操、提升其综合素养，而且还能够让孩子更好地融入集体，获得同学、老师乃至将来的同事、领导的积极评价，改善孩子的人际关系，并且让孩子从劳动中获取成就感。综合来讲，劳动教育对孩子的学习成绩的提升和性格培养也有不可忽视的作用。另一方面，劳动教育是当前社会对人才评价的重要组成部分。从《中华人民共和国家庭教育促进法》的角度来看，家长也应当为孩子的全面发展提供有利条件，指导孩子完成劳动任务是家长不可推卸的责任。

其次，结合现实中的教育案例，指出孩子缺乏劳动观念和劳动能力的弊端，最好能够列举班上其他热爱劳动的孩子的积极表现，以引导家长正确认识劳动教育，并在将来的生活中积极配合班主任和学校，按照要求指导、督促孩子进行劳动。

这次劳动作业的问题其实也体现了小刘妈妈对孩子的溺爱，及其对家校共育的敷衍态度。作为一名教师，班主任应当长期跟踪沟通，逐渐改变小刘妈妈的教育理念。

高单单

关键词：真诚交流

1. 态度要真诚

家长可能并未意识到劳动教育对孩子成长的意义，并非故意不配合老师或者自以为是。所以，班主任要端正与家长沟通的态度，不要把先入为主的情绪带到沟通中去，而要以自己对教育的热爱、对学生的关心来打动家长。在沟通中，万万不可因孩子的教育问题而导致老师和家长之间关系紧张，更不要因家长的不理解、不配合，而和他们针锋相对。

2. 准备要充分

与家长沟通前，班主任要充分了解学生的在校表现、各科学习情况、兴趣爱好、习惯、优缺点等，以便与家长沟通时能掌握主动权，进而提升与家长沟通的效果。

3. 方式要多样

教师与家长沟通时所涉及的内容是方方面面的，所以一定要根据家长的特点，采取不同的沟通技巧。尤其要注意的是，要向家长"多报喜，巧报忧"，让他们深切地感受到教师是真心实意地关心爱护他们的孩子。

王军转

关键词：树立正确的三观

小刘妈妈是一类家长的代表，这类家长很爱孩子，但是爱得有点儿不够科学。我们常说"父母之爱子，则为之计深远"，但真正的爱孩子并不是像母鸡护小鸡一样，一下雨就把小鸡们紧紧护在翅膀底下，而是不断提高小鸡们的全面素质、独立生活的能力。所以，改变这类父母的认知很重要。

对于这种父母，我一般有三种沟通方法：第一，面谈。帮助其对孩子进行职业规划，直接告诉他们，孩子心仪的职业需要什么样的人才，一切溺爱都会成为孩子成长路上的绊脚石；第二，借助网络平台分享家长课堂，提高家长素质，这一点不一定有用，尤其是对文化水平较低的家长，效果不佳；第三，从孩子入手。利用德育工作，开展多种文化活动，丰富班级文化生活，帮助孩子树立正确的三观。

冯爱霞

关键词：家校共育 契合点

如何与"让孩子学习就是成长的一切"的小刘妈妈，进行有效沟通是个问题。

首先，我认同小刘妈妈的观点。在这个阶段，孩子的学习更重要。

其次，问一下她对孩子的成长有什么样的看法？如果问到了，小刘妈妈应该会很诚恳地把自己的所思所想说出来，我们则可以在她说的过程中找到契合点。这个契合点就是让小刘妈妈学习教育理念的一个突破口。有了这个突破口，就可以让小刘妈妈意识到：爱孩子，就要让他在各方面全方位成长，尤其是在做人方面。

再次，与小刘妈妈见面沟通，小刘妈妈能到校最好。孩子、家长和老师，三方坐在一起，面对面沟通。让她先听听孩子的真实想法，然后问一问，听了孩子的想法后，小刘妈妈自己有什么样的想法，接着由老师提出自己的想法。

最后，以后再遇到周末作业这个问题，尤其是开展需要亲子互动的"知行合一"等活动时，要重点关注一下小刘和小刘妈妈的所思所想。这个过程可能需要持续几个月，甚至一年。但是，帮助家长和学生共同成长，是我们教育工作者的初衷，也是我们坚持工作的重要意义。

高静

关键词：尊重 理解 信任 改变

首先，换位思考，理解家长，取得信任。家长希望孩子能够通过学习改变自己，有所成就，这无可厚非。而且孩子正处于高中阶段，学习压力大，时间紧，我们也要理解他们的想法。

其次，抓住问题的根源。学习不仅仅是在校学习，在课堂上听讲是学习，做家务劳动也是学习，生活中的所见、所闻、所感都是学习，都会让孩子有收获，都会给孩子的成长带来帮助。只是它们所展现的是个人成长所需的不同方面。我们希望孩子将来是一个全面发展的人，而不是只知道学习的人。劳动也有可能激发孩子对学习的兴趣，所以要多为孩子的成长找方法。

最后，解决问题，反思不足。在家长，即小刘妈妈的态度发生转变时，和其沟通如何解决小刘同学未完成作业的问题。让其明白小刘同学违反了班级规定，我们要通过这次劳动作业帮助孩子在班级中树立良好的形象，要让孩子承担起自己应该承担的责任，同时要让其他同学引以为戒。

岳风伊

关键词：学生成长 家长受益

给我的启示：劳动是生活的基础，是幸福的源泉

首先，应使家长明白，劳动能帮助孩子发展智力，通过学习和工作的结合，孩子可以更好地理解事物之间的联系。

其次，劳动教育也是人格教育。在和家长的沟通中，我会明确告知，学校所有教师和学生都要承担必要的体力劳动，引导学生正确认识劳动是有价值的，劳动者是应该受人尊重的。

再次，家长们都希望自己的孩子未来有份好工作，生活幸福。小刘妈妈之所以让他学习，而不让他劳动，也是这个原因。所以在沟通中应让家长明白，其实在未来生活中，真正的幸福就是让孩子拥有独立生存的能力，让孩子能够依靠自己的双手把生活打理得井井有条，而学校教育的重要任务之一就是为孩子日后的幸福生活奠定基础。劳动教育的主要目的就是使孩子具备过上幸福生活的能力。

最后，作为老师，在学校的日常教学中，也不能放过每一次劳动教育的契机。比如利用学校大扫除、内务评比等机会，让学生不断树立劳动光荣的信念，从学生自身出发，引导学生在日常生活中主动和家长沟通劳动这一话题，相信每一位家长都不会拒绝劳动带给孩子的成长！

李芳芳

关键词：耐心倾听家长心声

回顾我和家长沟通的经历，每次沟通一般都能取得家长的配合。

首先，我会直接把我的真心话告诉家长。面对孩子的问题，我始终和家长站在一起，期待孩子变得优秀。

其次，在谈孩子的问题的时候，我始终坚持先肯定孩子的优点或闪光点，再委婉点出孩子的不足。我会用"如果孩子在这方面做得再好一点儿就更优秀了"这样的方式点出孩子的问题，不让家长有太大的压力。

最后，注重倾听家长说话，中间做到不打断，让家长顺畅地表达，以便全面了解孩子和孩子的家庭氛围。最后，和家长、孩子推心置腹地谈改进措施。孩子只要与昨天相比有进步，就及时表扬，让孩子有安全感，尝到改进的甜头，持续努力。

姚闪闪

关键词：让家长看见孩子的进步

我曾经遇到过类似的家长。我给学生布置家庭作业"给家人洗脚"。孩子非要洗，家长说不好意思，不让洗。家长给我打电话说："你别批评孩子，是我自己不好意思，不怨孩子的。"我就告诉家长，"孩子是发自心底想给您洗脚，这是孩子爱的表达，就像您给小时候的她洗脚一样。再说了，孩子给您洗脚，这也是一次难忘的回忆呀，还能给孩子写作文提供真实的材料，多好啊。"

最后，我会告诉家长，这些照片，我会保存起来做成小视频，到期末的时候放给孩子们看，她要是看不到自己和您，可能会失落吧。后来，在我们的班级群里，有很多家长会主动分享孩子给自己洗脚和做家务的照片，照片中家长脸上的笑容别提有多甜美了。

论后反思：

2022年1月1日实施的《中华人民共和国家庭教育促进法》，明确提出要帮助未成年人树立正确的劳动观念，养成吃苦耐劳的优秀品格和热爱劳动的良好习惯。关于家庭教育的方式则强调"亲自养育，加强亲子陪伴；共同参与，发挥父母双方的作用；潜移默化，言传与身教相结合；尊重差异，根据年龄和个性特点进行科学引导；平等交流，予以尊重、理解和鼓励"等。可见，李老师要想真正解决问题，离不开家长的支持。

班主任在与家长沟通时，除了真诚以外，还必须耐心。像李芳芳老师所说的"不打断"，让家长先把话说完；像李瑜清老师所说的"先跟后带"的沟通技巧。心平气和，与家长"共情"，这一点很重要，但在现实中做到这些并不容易，这个比较考验班主任的定力。

在案例讨论的过程中，高静老师说，教育子女是父母的权利，但教育好子女的能力却不是与生俱来的。而由此造成的种种问题，对班主任来说，可能体会更深。面对不同认知层次的家长，我们有时也需要"到什么山上唱什么歌"。

小刘同学的妈妈说："我是家庭主妇，每天在家也就是干干活儿……"面对小刘同学的妈妈，我们如果只讲《中华人民共和国家庭教育促进法》，恐怕很难说服她。"父母之爱子，则为之计深远"，如果能从孩子劳动后更懂孝顺和感恩，养成爱劳动和讲卫生的好习惯有利于孩子形成良好的人际关系等角度出发，可能更容易使小刘妈妈产生共鸣，从而使班主任获得其支持。这一点李阳阳老师和岳风伊老师都有提及。

姚闪闪老师组织的"给家人洗洗脚"的活动给了我们不少启发。照片中家长们那发自内心的灿烂笑容似乎在暗示我们：家长一旦有了这样的体验，还会阻止孩子在家劳动吗？还会不支持老师布置的"劳动作业"吗？

当然，这并不是说任何时候我们都要开展这种活动。对于高中生来说，无论什么活动，一旦让他们有"作秀""形式"的感觉，教育效果就会大打折扣。所以我们要根据学段、学情甚至时代特点来探索能让劳动教育产生真实效果的实践路径。

最后一点，在给孩子布置"劳动作业"之前，李老师如果能先给家长们布置一个小作业预热一下，可能后期工作会进行得更顺利。例如，在家长群里推介一些电影、文章或是书籍，如史铁生的散文《秋天的怀念》、朱自清的散文《背影》等经典作品，也许能更好地帮我们传达那个道理：父母之爱子，则为之计深远！

问题三：2020 年 7 月，教育部印发了《大中小学劳动教育指导纲要（试行）》，随后《中国教育报》刊发了《劳动教育是什么？教什么？怎么教？—〈大中小学劳动教育指导纲要（试行）〉解读》。在此背景下，我们研讨第三个问题：你打算如何在班级内开展劳动教育活动？

陈柯宇

关键词：结合实际巧安排　安全危险考虑全　发明创造提效率　主题班会重反馈

在班级内开展劳动实践活动，首先要努力营造劳动光荣、不劳而获可耻的整体氛围。可以通过主题班会、周记等活动让学生谈谈自己对劳动的看法。在每一次班级劳动中，根据学生的表现进行点评、表扬并且适当奖励，积极引导全班学生树立劳动意识、责任意识和全面发展意识。

其次，根据实际情况，创造条件，合理组织劳动实践活动。学校的日常安排繁多，所涉及的劳动任务也有限。但是带着教育的眼光来看待学校生活可以发现，其实处处都可以安排劳动任务。比如，为班级摆放桌椅、整理书柜、搬运书籍和作业、照看植物等。班主任在安排劳动任务时，必须提前考虑任务的危险性、难度系数等，必要的时候为学生提供工具或亲自带领学生进行劳动。例如，为了让班级卫生扫除更加彻底，我专门带领学生自制了一批长柄地刷，班级内也常备洗衣粉，在大扫除期间让学生用地刷将地面彻底打扫干净。因为劳动用具配备得当，学生参与刷地的积极性非常高，每一次都能取得非常不错的效果。每当需要清洗空调滤网等具有一定危险性的工作时，我会亲自示范讲解，指导学生如何做好安全防护，如何拆除和安装滤网。

除此之外，我还会偶尔组织一些创造性的活动。例如，本周一我组织三名学生对教室里的地刷和讲台上的凳子进行了维修，为他们提供了锯子、钉子、螺丝刀、美工刀等平常不允许学生带入学校的用具，并全程指导他们。这次任务的完成效果非常好，学生纷纷表示参加这个活动比参加社团活动更有意义。

再次，在安排劳动任务时，要弱化劳动的强迫性，增强劳动的自愿性，让学生在自由选择中遵从内心的愿望，积极参与自己力所能及的劳动，让劳动不再是一种任务或者惩罚，而是一项有意义有乐趣的活动。

最后，注重反馈，经常对学生的劳动场面进行拍照记录，并在班级和家长群里进行总结，也可以以班级量化考核等方式对学生进行鼓励。

李阳阳

关键词：劳动教育主题班会

我会在班内开展劳动教育主题班会。

主题班会围绕以下两点进行：第一，为什么劳动。让大家讨论，然后展示人类的起源、发展的大致过程，提前搜集学生的父母劳动时的照片或视频，找几位表达能力比较好的家长谈谈他们对劳动的看法。第二，让大家谈一谈，我们现在可以做的有哪些。把大家的想法罗列起来，打印出来贴在班里，让孩子们每天都能看到并践行自己的计划。可以在班里抓拍大家认真劳动的场景、鼓励家长抓拍孩子们在家劳动的场景，并在班里展示冲印出的照片，激发学生的劳动热情。也可以多途径宣传——让孩子们写劳动感悟，发到家长群，让家长们看到孩子的进步，为劳动教育活动的开展打下良好的舆论基础。

高单单

关键词：在劳动中实现知行合一

1. 召开劳动主题班会

通过召开劳动主题班会，培养学生的劳动习惯，使他们明白"生活靠劳动创造，人生也靠劳动创造"的道理，进而培养他们努力学习、自觉劳动、勇于创新的意识，为学生的终身发展和人生幸福奠定基础。

2. 定期组织校内校外志愿者活动

通过组织形式多样的志愿者活动，让学生直接参与劳动，增强劳动感受，体会劳动艰辛，分享劳动喜悦，掌握劳动技能，养成劳动习惯，提高动手能力和发现问题、解决问题的能力。

3. 鼓励学生积极参与家务劳动

教育学生形成"自己的事情自己做，家里的事情帮忙做"的责任意识。同时，密切家校联系，切实转变家长溺爱孩子、不愿让孩子参与劳动的观念，通过家校沟通，使家长明白劳动在孩子的学习、生活和未来长远发展中的积极意义和作用，让家长成为孩子做家务劳动时的指导者和协助者，形成劳动教育合力。

王军转

关键词：人人为我　我为人人

我们班开展的实践活动有：

1. 成立社团，开展手工活动

以班级为载体，成立"四十中 DIY 社团"——"济美阁"，定期开展手工制作活动。这很契合我们班的班级理念——"各美其美，美人之美，美美与共，天下大同"。心灵手巧是我们"济美阁"全体成员共同追求的一种境界。

2. 班级管理，全员安排

一开学，我们就提出"八班是我家，维护靠大家"的口号，班级管理任务细化到人、责任到人。我们班除了正常的班委及各科课代表外，还设有图书馆管理员、管家、花农、司灯、司门等职务，营造"人人为我，我为人人"的和谐氛围。

3. 设置义务劳动岗

卫生不达标的学生负责打扫三天教师办公室卫生，且必须保质保量完成任务。这个有点儿惩罚的意味，专门为那些卫生不达标的学生设置。如哪位学生因个人卫生问题而导致班级扣分，就需要在当天自习课上跟全班同学真诚道歉，然后主动到班干部处领罚。

岳风伊

关键词：人人有事做　事事有人做

我会这样来安排班级的劳动实践活动。

1. 让学生出力流汗

在日常生活中，让学生参与家务劳动，洗一洗自己的衣物，学做一道拿手好菜，与家长一起劳动……学生只有在劳动中有不同的体验，才会体会到劳动的艰辛，才会对未来的生活有所规划。

2. 让学生接受磨炼

只有通过苦难磨炼的人，才会珍惜一切，才会不断向上。学校可以适当安排一些体验活动，如跟家长上一天班，帮家长做一件事情，让学生在活动中得到磨炼。

3. 让学生崇尚劳动

培养学生对劳动的认同感，让学生认识到劳动的价值，以劳动为荣，以劳动为追求，学会在劳动中体会幸福，体会快乐。

4. 让学生自觉参与劳动

通过一定的手段帮助学生树立热爱劳动的意识，让学生有活儿抢着干、主动干，不怕苦、不怕累，主动投身到劳动中。例如，我们可以评选卫生区负责人、地面区负责人等，让参与劳动的同学有责任感；在班级里开展劳动技能大赛，教育学生要有一技之长，让参与劳动的同学有成就感。

5. 让学生尊重劳动

从尊重别人的劳动做起，如珍惜粮食，保持班级地面的清洁，尊重别人的劳动成果，不随意丢弃垃圾等。

从参与到尊重，让学生发自内心地爱上劳动。

姚闪闪

关键词：在劳动中收获

还记得"如果你想造一艘船，先不要雇人去搜集木头，也不要给他们分配任何任务，而是去激发他们对海洋的渴望"这段话吗？我想我们的劳动教育也要从这方面出发，不是直接让学生去干活，而是让学生更多地去体验。

比如，我们学校餐厅制定打饭规则这个方法。我们都知道，有的孩子无论做什么事情都很像模像样，有的孩子就会有点儿"笨手笨脚"。好几个班都是派固定人员去打饭，这样可以节约时间。而我们班则是让学生按小组轮流打饭，这样每个同学都在付出劳动，也都在享受劳动成果。这里面涉及的不光是简单的打饭问题，还有很多的"技巧"。比如，面条怎么打？米饭怎么打？班级里的同学中谁喜欢吃什么？谁不太喜欢吃什么？谁的饭量大些？谁的饭量小些？通过打饭，同学们之间也可以相互了解，增进感情。如今，孩子们打米饭前会像切豆腐块儿一样先对米饭进行分割；分油饼的时候，原来他们是一人每次拿一只碗装两张饼，现在是两个人去分碗，两个人去装饼，在一个盘子里摞很高的饼，拿回来再分。这样既节约时间，又不用一趟接一趟地跑。我们班就餐的餐桌共有十张，有时候同学们为了盛汤来来回回地走，这样就会碰着。我简单地提醒他们后，他们就知道用"传递"的方法来盛汤了，省时省力，安全有趣。

有的小组打饭不是很顺利，就会有其他小组的同学去当"老师"，教他们怎样做。

论后反思：让"劳动教育"真实发生

2020年3月，中共中央、国务院印发了《关于全面加强新时代大中小学劳动教育的意见》（以下简称《意见》）。《意见》指出，要"把准劳动教育价值取向，引导学生树立正确的劳动观，崇尚劳动、尊重劳动，增强对劳动人民的感情，报效国家，奉献社会"，指明了劳动教育育人的战略导向、认知导向、情感导向和实践导向，让我们再一次认识到劳动教育的重要性。

根据工作室老师们的讨论和一些同事的做法可知，大家开展的劳动教育活动大致可分为四大类。

第一类：生产劳动类。如对绿植或动物的养护（王军转老师所设计的"花农"岗位），对班级公物或是家具家电的简单修理等。

第二类：家政学习类。如内务的整理（李芳芳老师说的"桌面整理常态化"和许多老师都提到的宿舍卫生评比）、日常清洁（陈柯宇老师带领学生自制"地刷"劳动工具）、烹饪烹调、洗涤缝补等。

第三类：服务劳动类。如社区服务、尊老爱幼、志愿服务等。

第四类：职业体验类。如到某些岗位上进行职业体验与锻炼。

这四大类劳动教育活动都很好，需要我们因时、因地制宜，最好能立足当下，放眼未来，在学生心里埋下一颗平凡而又伟大的劳动的种子。

在面向高中生的劳动教育中，引入职业体验是自然而然的。当一个高中生观察身边的劳动者时，或是在某个岗位上体验劳动时，他一定会思考许多问题：比如，以后我要从事什么工作？我能胜任吗？我喜欢这种工作吗？这种工作能满足我的需求吗？这些困惑和思考，给劳动教育与职业生涯教育的融合提供了绝佳契机。而抓住这个教育契机，会让学生更深刻地思考：劳动是伟大的，但劳动者是平凡的，没有无数平凡劳动者的坚守，就没有劳动的伟大。这是我们要向平凡的劳动者致敬的重要原因。

在义务教育阶段，除了让学生"出汗""磨炼""自己的事情自己做"以外，还要注意到劳动也可以育美、增智，甚至还可以培养学生的同理心与团队精神。当我们看到一个小女孩和玻璃上的水渍"做斗争"的时候，我们感到那认真的表情、坚定的眼神和不服输的劲头儿让她整个人都闪闪发光……整洁的桌面是美的，干净的教室是美的，辛勤养育的植物开出了美丽的花，亲手洗过的衣物在阳光下香香的、美美的，这难道不是一种"生活美学"？除了"育美"，在"增智"方面，陈柯宇老师带领学生自制了"地刷"，大大提高了地面清洁效率。我也见过身边有班主任带领学生研究如何给班里的"智能黑板"做保洁，如何用眼镜布包裹废弃牙刷自制一些清洁屏幕缝隙垃圾的小工具……不得不说，在这方面，学生的智慧往往能超越教师，这难道不是一种"创造性劳动"？学生在这样的劳动中会认识到：即便是最简单的工作，要想做好，也是需要把理性思维和人文关怀统一起来的。

从这个意义上讲，劳动教育是一个可以与德智体美相融合的复合性教育概念。

组织劳动实践活动并不容易，那么劳动实践活动结束之后是不是就意味着教育工作结束了呢？如果我们只完成这些劳动活动，而没有基于教育目的组织展示、交流、反馈、评价与思考等活动，那么很容易出现"有劳动无教育"的现象。缺少这个环节，甚至可能会导致实践活动走向劳动教育的反面。如学生出力流汗后产生的都是"热爱劳动"的情感吗？学生有没有产生"劳动真苦、真累""做这个真没意思"的想法？班主任又是如何引导的呢？这是劳动教育的"最后一公里"，但在现实中，虎头蛇尾的情形并不少见。

另外，体验劳动和真正从事劳动是有区别的。没有洗过袜子的幼儿园小朋友很愿意自己去洗，可是有不少高中生却会把脏衣服打包带回家……除了学习时间紧以外，有没有其他原因？我们常说："劳动没有高低贵贱之分。"那么，如何让学生正确看待劳动价值与劳动报酬之间的关系呢……

让学生劳动也许不难，但在物质生活相对丰富的今天，我们如何用更好的方式、更科学的解释让学生"热爱劳动""热爱劳动人民"呢？这是我们在劳动教育实践中要突破的难点。我相信，只要坚持"上下求索"，坚持"与时俱进"，坚持"躬身笃行"，努力寻找契机，为学生创造机会，就会让"劳动教育"真实发生。

第四章　教育故事随笔

吴松超老师在《给教师的 68 条写作建议》的序中写道：写作是让教育变得更加美好的重要途径，也是教师通往职业幸福之路的重要途径。坚持写下去，收获的将是长久的快乐与幸福，是精彩的教育人生。

老师，我会看病了

河南省洛阳市宜阳县第一实验高中　　王姣敏

经历

"老师，我想请假。"刚上课没多久，晓晓就走到我身边，透过口罩，小声地说。

"哦，你怎么了？是不是哪儿不舒服？"放下茶杯，我关心地问。

"我脸上长疙瘩了，痒得很。您给我批假吧，我去看看病。"她恳求道。

学校一直强调，对这种一开学就请假的情况，老师的手一定要"紧"一点儿，要引导学生学会利用周末和假期处理个人事务，不能随便耽误功课。现在才开课了一天，风口浪尖上，我能给她批这个假吗？（假条是三

联，门岗处留有一联，一般这个时候批假多的老师是要向领导"说明缘由"的）

"你摘下口罩，让我看看。"

她摘下口罩，指给我看。

确实有一些红色的痘痘，分布在左右脸颊，看着她焦躁的表情，我问她："疼不？"

她答道："倒也不疼，就是很痒，很想抓，已经抓破了一个。老师，给我批个假吧，我不想毁容。"

"不会的，看着像过敏。"我一边安慰，一边心中暗暗思忖，到底该怎么办？

如果是以前，我很可能会直接说："早不去看，才上一天课就请假呀！别想了，回去上课吧！"这样一来，不但晓晓不会请假，而且其他的学生也会"闻风丧胆"，我的签名出现在请假条上的概率就大大降低了，我不用向谁"说明缘由"。

但现在的我不会。我努力思考有没有更圆满的解决办法。

"上完体育课，你们自由活动的时候，我带你去吧。我认识一个医生，让他给你看一下。好吗？"我试探性地问道。

"这……麻烦您不太好，还是我自己去吧。"晓晓犹豫了。

"去医院看病，要办卡、挂号，你知道吗？"

"办卡？我不知道。还得挂号啊？这么麻烦。"晓晓张大了嘴巴。

显然，她并没有独自去过医院，还不太明白看病的流程。

"我骑电动车带你到中医院。你先去导医台登记、办卡、充费，然后拿着卡，去皮肤科找我说的那个医生，向医生描述你的病征。如果有复杂的情况，到门口找我。没什么问题的话，30 分钟应该能解决问题。你按照医生说的，用卡付费，然后取药。我在门口等你，你看怎么样？"

我向她详细解释我的计划。按照这个计划，出门手续简捷（因为有老师陪同）且可速去速归，关键是还能让晓晓学会自己去医院看病。

晓晓低头想了会儿，答应了。

骑车路过一家银行的时候，晓晓困惑地说起她和姐姐去银行取钱却被告知改天再来的事情。我表示不能理解，但她表述不清，我只能静静地听着，心仿佛被什么揪了一下。

到医院门口，晓晓慢慢地走了进去，我赶紧给我的医生朋友打电话。

我在医院门口等了大概 15 分钟，晓晓就出来了，笑着跑向我："医生说我是过敏，让我自己买点儿炉甘石洗剂擦一擦。没给开药。我把卡退了，钱一分不少地回来了。"虽然她戴着口罩，但我很明显地感受到了她的喜悦。

"好，那我们现在去买药。赶紧上车！"我骑上电动车。

可晓晓一动不动，还站在医院门口傻乐。

"赶紧坐上呀，你笑啥呀？"我扭头道。

晓晓注视着我，大眼睛笑成两弯月牙，大声说："老师，我会看病了！"

沉默片刻，我也大声说："好好学习，说不定将来你还会给别人看病呢！"

思考

送她回到学校后，那句"老师，我会看病了"一直回荡在我耳边。

晓晓今年已经 15 岁了，你认为一个 15 岁的青少年应该具备哪些知识、哪些技能、哪些核心素养呢？诚然，她在语文课堂上能感悟古今中外文学之博大精深，在数学课堂上能学习立体几何、代数，训练逻辑思维和空间想象能力；在英语课堂上能练习听说读写，欣赏西方文化精髓；在体育课上能舒展筋骨，赛跑拔河，培养团队精神和不屈不挠的意志；在历史课堂上能领略上下五千年历史的兴替……我们也有专门论述各个学科要培养的核心素养的书，内容详尽。但回到现实，她不会独自看病，也不会使用 ATM 机，更别说什么"拿起法律的武器维护自身的合法权益"了……

当然，你可以说这是城乡差距导致的，但你敢说城市孩子就知道如何做吗？说到这里，我忽然想起高一讲经济学时，以车辆购置税为例来讲授宏观调控政策，但没想到，一部分学生的问题不在"宏观调控"上，而是一头雾水问道："什么是车辆购置税？""买车还要缴税？""缴给谁？""去哪儿缴？""有人来收吗？"纵然有几个略知一二的，但具体到实际操作上也是含糊不清。接下来，那节课的内容变成了普及税种、税法知识以及介绍如何缴税，虽然有一些脱离"重要考点"，但学生都专心致志，就连角落里的"觉皇""觉主"都睁大了眼睛……专注度极高。"有用的不一定是真理，但真理一定是有用的。"这种"有用的真理"的魅力无须佐证，看看孩子们那渴求的眼神就知道了。对于学生需求最强烈的知识，一定要在他们的需求最强烈的时刻讲明，这就是课堂上的"机不可失，失不再来"。

至于有两个考点没讲，那又有什么关系呢？利用其他时间补齐就好了。

我不后悔，学生也不会后悔，时间会证明一切。

就晓晓"会看病了"这件事来说，生活的基本技能，以及现代公民必备的常识，如果父母不曾教给她，那么社会是否会教给她？

如果这个社会不曾温和地教给她，那么学校呢？老师呢？我们是否专门教过？

实践

我一直在思考如何解决这个问题，如果班主任能够开设"做现代合格公民"系列主题班会，在班会中创设真实情景，普及生活基本技能与必会知识，学生的学习兴趣是否会更浓？当然，即便我们不教社会基本生存技能，学生在社会上碰两次壁、摔两次跤也就会了。但"碰壁"碰到什么程度，"摔跤"摔成什么模样就不得而知了。所以，我还是认为在校园里先让他们了解了解这些知识和技能是非常有必要的。最起码，我们的学生走上社会后不必通过屡次碰壁与摔跤来获得经验，掌握基本的生活技能。这样的话，他们在"去医院看病""去银行存款""辨识网络诈骗""拿起法律武器维护自身合法权益"等问题面前，就会更加从容淡定……

路漫漫其修远兮，吾将上下而求索！

让每个学生成为班级的"VIP"

河南省洛阳市第五十九中学　　吴宏利

"几乎每个人都希望自己成为重要的人物。"看到这句话时,生活和教学中的很多情景在我脑海里一一浮现。

在家里,两岁的儿子拿起小话筒,拉着我的手示意我坐到沙发上,他微笑着看着我说道:"开始表演节目了。"然后憨态可掬、手舞足蹈地背诵起了《咏鹅》,我则完全沉浸在他进步的喜悦之中。突然,他停下来说:"妈妈给我鼓鼓掌。"我惊愕地张大了嘴巴,随即给他拍拍手,竖起大拇指点赞。他兴奋得又蹦又跳,接着边笑边唱。这时候我觉得孩子可爱极了,平日里他的各种哭闹仿佛都不存在了。我在心里感叹,这么小的孩子都知道索要掌声,获取关注。

看来,渴望被关注、被赞美是人的天性,马斯洛需求层次学说也曾这样"告诉我"。

于是,我想起来班里那个有点儿帅的校篮球队的男孩,他在班里的表现是真的不好,一直是老师们吐槽的重点对象,还有老师专门跑到我这里告他的状。我清晰地记得,有一次他迫不及待地跑来我这里看期末评优名单,他当然没有评上,看完了撂给我一句"我都不稀罕",于是我生气地回怼"那是因为你评不上"。结果可想而知,他愤愤地离开了。可是,我也清晰地记得,有一次我路过篮球场,看到他在指导篮球队的同学练习,那叫一个起劲儿。我心想,对班级事情漠不关心,打篮球倒是挺用心,能把一半儿心思用到学习上就好了。我苦口婆心地劝了他无数次,让他好好学习,可是收效甚微,后来索性就任其自由发展了。我还安慰自己说"我尽力了"。

直到我看到我儿子的表现,直到我读到美国教育家杜威所言,"在人类所有的冲动中,以'希望成为重要人物'的欲望最为强烈",我才重新开始思索。他指导新队友训练,应该是教练或队友有需求吧,他被需要、被重视进而激发了他的责任感吧！而我何曾欣赏过他？我甚至暗地里祈祷他赶紧从我们班调走！我跟他的谈话内容也一直聚焦在他成绩太差、行为习惯不好等方面。想着想着，我突然觉得非常羞愧……我能不能通过什么途径让他觉得他对我们的班级很重要，进而影响他在班里的表现呢？

　　抱着试试看的态度，我开始寻找他身上的闪光点。从哪里开始呢？就从上次他在篮球场上指导新同学训练开始说起吧。我把他叫到办公室，办公室里很安静，他很忐忑，问我他是不是又犯啥事了？我说是上次跟你们教练聊天，他说你涉猎很广，我也看到你在训练时不俗的表现。高三比较紧张，我和班委成员商议决定要开个"百家讲坛"，让有特长的同学来给大家展示一些我们不曾听闻的内容，这样既能拓宽大家的视野又能让大家放松一下，第一期节目想请你讲。他顿时目瞪口呆，我感觉到了他的惊喜和紧张，他顿了顿说，老师你真的相信我？我郑重地说，我和同学们都相信你，你简单准备一下。他激动地说，不用准备，信手拈来的，随时可讲。你看，孩子终究是孩子，他也许等这一刻等了很久了吧，这么自信！我说行，那就从今天上午的自习课开始吧。2019 级 6 班的"百家讲坛"就这样开讲了！其实，我心里有点儿忐忑。他竟然条理清晰地讲了他最崇拜的球星对他的影响，也特别说到体育运动科学跟生物学科的密切联系，包括苏炳添没有拿到奥运冠军但是大家都觉得他特别厉害的原因等。最重要的是，他在讲解的过程中两次说道："此处应该有掌声呀！"你看，就算是一个高中学生，他也跟两岁的孩子一样，向对方索取掌声！而我，又何曾给予过他"VIP"的感觉呢？

　　讲完之后，台下响起了热烈的掌声，他眉开眼笑地向同学们鞠躬致谢！接着我也向他表示了感谢，感谢他带给我们全新的活动体验，他也冲着我竖起了大拇指。一个学生日积月累形成的不好的行为习惯，绝不是一次两次的活动就能彻底改变的，这就需要日积月累，不断地鼓励他。我当即决定，以后"百家讲坛"从主讲人到主讲内容都由他负责筛选。他笑得合不拢嘴，激动得眼眶发红。我不敢保证这孩子以后一定成为人才，但至少当老师的给予了他变得更优秀的机会。不断播种，总有收获。

　　这件事情给了我启示，为了让班里的每个学生都觉得自己很重要，首先我深情地向他们告白，悉数了每个人身上的优点，让他们感受到班主任了解他们的优点；其次，我给他们定做了带着编号和"VIP"字样的 6 班同学专属胸章，编号按姓氏笔画排列；对于各方面暂时没有特长的同学，则让他们搜罗"每周影视"的内容并播放给同学们观看。

自从有了"VIP"这个称谓,他们更愿意跟我吐真言了。希望"VIP"既是他们的称谓,也是他们心中的加油站。

不和学生较劲，学会等待

河南省洛阳市第十五中学　李芳芳

10月9日早上7点30分预备铃响起，学生翔的座位上空空的。他是走读生，晚上回家住。出于安全层面的考虑，我给他的家长打了个电话询问情况。他妈妈一听说他还未到校，立马急了，说："出门挺早的，按时到校绝对没问题，这孩子想干啥呀！"翔的姥姥家离学校挺近的，他妈妈说给姥姥打电话问问孩子在她那儿没有。第一节课过了一半，他妈妈打来电话说联系到了，马上到。孩子安全就好，我终于松了一口气。

不一会儿，只听"咣当"一声巨响，办公室的门被猛地推开，一个大高个儿怒气冲冲地出现在我面前，脸憋得通红，停了好几秒，大声说道："你能不能不给我妈打电话，我这么大人了会有啥事？你一打电话我妈就骂我一顿。你知不知道，每次一听我妈打电话，我神经就绷得紧紧的，非常压抑，得好久才能缓过来！"

听着学生的数落，看着他不领情、不尊重的表现，我非常生气，可是他正在气头上，生气是解决不了问题的，反而会把事情搞砸。我刻意把火压住了，只说了一句："你静一静再说。"

我边等他安静下来边工作，等了3分钟左右，他开口说话了："老师，我错了，对不起！我太心焦了，我妈骂我，我心里烦，就对您说了不该说的话。"

冷静了几分钟，我的心情也平复了许多，我语气平和地告诉他："老师和家长都担心你的安全，出发点是好的，希望你理解。人在气头上和在着急的情况下不太会注意说话的方式和语气，刚才你进门的表现就是这样。我理解你，你也得理解你妈妈。你再好好想想，看能不能想通？"

"能！"

"现在可以说说你为什么迟到了吧？"

"今天出门也不晚，就是昨天忘记给电动车充电，半路上车没电了，我推着车走到了充电的地方，所以才来晚了！"

"每天谁负责给电动车充电？"

"我自己！"

"是自己的失误造成的，那以后怎么办呢？"

"那就吃一堑长一智，每天回去先检查车子的情况。"

"这就对了，头一天晚上把第二天早上要用的东西准备好，养成好的习惯，就不会发生那么多烦心的事了。现在能回教室上课吗？"

"可以！"

"按照班规，迟到了要帮同学打扫一天卫生。"

"好，我知道了。"

"回教室吧！"

翔先是转身离开办公室，随即又转过身来面向我鞠躬道谢。我会心地对他一笑，我们俩都释怀了。

孩子嘛，哪有不犯错的？知错能改，善莫大焉。学会等待，待学生自己静下来，思考后再谈话，教育效果会好很多。

用温柔等待一棵开花的树

河南科技大学附属高级中学　李冰

"站住！你怎么一天迟到三次？"晚自习预备铃声和正式铃声都响过后，其他学生都已经开始读书，我在教室的后门拦住刚进来的她。这是一个刚刚经历了文理分科，对新环境还不适应，与我明显存在距离感的学生。

"我有什么办法！我已经够快啦！"她委屈地哭着向我喊。

听着她埋怨的语气，看着她敌视的眼神，我最先关注到的是她话语中流露出的无奈。我又打量了一下她：一只手提着一袋子水果，另一只手拎着个舞蹈书包，她是个住宿生，应该不是刚从校外回来。刚才又是 40 分钟的大课间，若是往返于宿舍，应该不会这么赶时间。为什么？我很生气，但我记着一句话：最高境界的教育是自我教育。怎么让学生由他律到自律，这是班主任的一项重要工作。

于是，我特别平静地对她说了第二句话："我不是要批评你，我是想帮帮你，我就是想问问你有什么困难？老师帮你一起克服困难，我不能眼睁睁地看着你被困难打倒呀！"她不哭了，一直扭向一边的头低了下来。

我顺势说："你是从小时候就开始学习舞蹈吗？现在时间这么紧还学吗？"

她点点头说："一直坚持！周末既写作业又上舞蹈课。"她开始与我真诚交流。

"我知道学舞蹈很苦，这么艰苦你都坚持下来了，动作快一点儿、早一点儿进教室、不迟到。明天试着早一点儿，我相信你能做到。"

我接着说："有个事跟你商量一下，咱们班的同学每天低头学习的时间太长，容易得颈椎病，上高三就吃不消了，你能不能从明天开始在课前教大家一个舞蹈动作，让大家活动活动？"

"行，老师。"她爽快地答应。

从第二天起，我再进班时看到的就是她认真地站在前面教大家舞蹈动作：新疆舞的扭脖子、蒙古舞的抖肩、藏族舞的划手……全班同学都高高兴兴地融入其中。我让她制定了一个教学小计划，还让她做了文艺委员。此后，从年级第 30 名到第 10 名，再到第 5 名，这个孩子一直在进步。在这间教室里，同学们可以一起唱歌、一起舞蹈，凝聚力快速形成，班级也被同学们称为"殿堂"。

分班后，学生迟到或不适应是相对普遍的现象，这就需要班主任平静下来，温柔以待。温柔以待正是我们（班主任）拥有的法宝，以爱动其心，导其行。那一刻的平静，那温柔不就是在等待一棵开花的树吗？

不该忽略的"认真"

河南省洛阳市第五十六中学　高静

下午上习题课时,看着同学们兴味索然的样子,为活跃课堂氛围,我说:"老师说完大家说,谁来试着当一下小老师,锻炼一下自己。要相信自己哦!"话音刚落,班里的声音瞬间就起来了,大家"你推我让",自己却稳稳地坐在凳子上。在一片推荐声中,一位女生出乎意料地举手了。但瞬间,我发现了一个尴尬的事,这个女生的名字我竟然对不上号,于是我只能笑着请这位同学回答。虽然她讲解得有一点儿问题,但这份勇气是值得鼓励的。所以等她讲完以后,我在班里特别表扬了她。可能受到了她的影响,大家的积极性明显高涨了许多。

课后,我经过多方了解,知道了她叫兰兰,从那以后我对她的关注也多了起来。她不是全优的学霸,也不是引人注意的活跃分子,但是她很主动,会积极地回答问题,遇到不会的题目也会及时请教,上课总是听得特别认真,作业也做得认真。我在想,这么认真的孩子,我怎么就忽略了呢?除了兰兰,我没发现的认真的孩子还有多少?我把我的目光都放在了哪里?

在反思的过程中,我想到了我的初中物理老师。她的关注让我感受到了自己是被重视的。那节物理课上,老师正讲着课,看到"开小差"的同学,恨铁不成钢地说:"你们看看这位同学,听得很认真,看不见黑板人家还左右动动,有些同学怎么就不能把注意力集中点儿呢?"她边说边模仿那位同学看黑板的样子。当物理老师说完做完,大家看向我的时候,我才知道物理老师刚刚表扬的是我。在大家注视的目光中,我没有特别高兴,反而有点儿不好意思。但这一次之后,我学习物理的劲头儿更足了,更愿意上物理课了,遇到问题也愿意花时间去解决它。现在回想起来,心中仍是充满了感激之情,感激老师让我看到了认真的自己;感激老师的"不曾忽略",让我感受到了一种幸福。

"让每个人都感到自己很重要",原北京第一实验学校校长李希贵的话又回响在我的脑海中。其实,感觉自己很重要的前提是被看见、被关注。那些学习成绩不太好也不太差,作业做得虽有问题但很认真,总之各方面做得不错,但又感觉"亮点"不够突出的同学就很容易被忽略。不管是学优生、学困生,还是处于两者中间的正在努力赶超的学生,他们无论是在校园里还是在教室里,都应该被平等地对待,都应该受到重视,都应该被看见,也需要被看见。作为老师,我们既需要尽力去捕捉课堂中的"浮光掠影",也需要潜下心来深入到学生中,真诚地和他们交流、对话,只要每一次交流中他们都能感觉到自己被重视,每一次对话中他们都能感觉到自己被尊重,我们的工作就上了一个新的台阶。

　　每一颗星星的闪耀汇聚成了宇宙的璀璨星河,每一个平凡人的勤劳实干造就了社会的欣欣向荣,每一个学生的努力认真展现出了班集体的蓬勃生机。所以,加油吧,认真的人!

静悄悄地改变

河南省洛阳市第五十六中学　高静

顽童向学

"上课前我们先来默写上节课学习的两个知识点,请同学们先抄题,后写答案,答案要分点。"

话说完没一会儿,袁袁就把默写的本子交了上来,我一看,答案全对,吃了一惊。他开学以来的表现和上学期相比,判若两人。

我不禁想起袁袁刚入学时的模样:皮肤黑黑的,一双大眼睛炯炯有神,操着一口地道的洛阳方言,在班里时不时"兴风作浪",部分学生竟也纷纷响应。那时的他,颇有振臂一呼、应者云集的领导风范。班里为此还曾刮过一阵"方言风"。

他上课时调皮捣蛋,学习上的问题也比较多。我所教的政治是一门需要记忆的学科,还没有布置好背诵任务,他的话就说在了前面:

"老师,别太长了,记不住——"

"老师,能不能不背,我抄三遍……"

"老师,我能不能一条一条记?"

每当此时,看着他摆出一副愁苦的样子,我感觉头疼又无奈,最后只得特殊对待,单独给他布置任务,只要求他记重点内容。

不知道袁袁经历了什么,复课后,关于背诵,他竟从未向我提过特殊要求。我还想,暑假开学后,他会是怎样的,会再向我提特殊要求吗?结果却在意料之外。有时政治课上要背的内容比较多,甚至比较长,但每次只要任务布置下去,他就开始认真背诵,有时在课间还能看见他坐在位置上读。更奇怪的是,上星期的自习课上,袁袁还向我请求,"老师,我想背书,怕打扰同学们,能出去背不?"听到这样的话,我已经不吃惊了。

因为他背得快而准确，我多次在课堂上表扬他，并且让他负责检查整个组的背诵情况，现在他做起这个工作来已经得心应手了。

追根溯源

袁袁从什么时候变得不一样了呢？细细回想，其实从上网课开始就有端倪。在网课开始的前一天晚上，我突然收到他发来的微信，"语数外在哪儿上课？""'洋葱数学'是啥？""'一起中学'怎么登不上？"

当我看到信息时，既有些生气又有些高兴。生气的是，对于"洋葱数学"和"一起中学"这两个学习软件，上学期就已经让大家下载过了，现在马上要开始上课了，他竟还没下载；高兴的是他能及时和老师沟通并解决问题，这种学习态度值得肯定。我一边和他沟通怎么去下载并安装软件，一边提醒他使用过程中有什么问题要及时和英语老师、数学老师沟通。当时我并不对他抱太大的期望，这么复杂的操作，按他的性子，会去问老师吗？难啊！出乎意料的是，他和各科老师都进行了沟通，并按照步骤操作成功。网课期间的表现也得到了各科老师的认可。

过了一个暑假，大部分同学变化很大，长高了，懂事了，他也不例外。正像我们期待的那样，成长的不仅仅是身体，他变得懂礼貌了，也遵守纪律了，遇到问题能主动去尝试、去努力、去解决。我欣喜地看着他的变化，关注着他的成长。这个改变在外人看来可能只是一点点。但即使只有一点点，只要坚持，也终将会让你成为你想成为的模样。

时光不语

出于好奇，偶然地聊天时，我曾问袁袁，"你这学期让老师好吃惊啊，进步好大，跟变了个人似的。你是怎么想的？分享分享，让其他同学也学习学习。"

袁袁笑了笑，有点儿羞涩地说："什么也没想啊！"

"假期经历了什么特别的事吗？"我不死心。

"没有。"

接着我又问他："那你现在背得又快又好，和以前相比，你自己感觉难不？"

"没有想象中的那么难。"仍是非常简洁的回答。

刚开始我还对袁袁的答案不太满意，总感觉少了点儿什么，一直琢磨着从他那里听到一些所谓正面的、积极向上的故事。聊天之后，我还在纠结，真的没有转折点吗？难道不是因为经历了什么重大变故他才"心性大变"的？

后来，仔细地想了又想，我这种追根究底的想法对吗？想起自己在年少时，也和袁袁一样懵懵懂懂，遇事也是像他一样，做了就是做了，没想过那么多道理。所以，可能袁袁真的没经历什么，只是岁月的馈赠，时间的洗礼，让他有所成长，静悄悄地改变了，就像一棵小树，有没有人注意，它都会悄悄长大。也许，在未来的某一天，蓦然回首，他会发现此时此刻改变的意义。

潜移默化

想明白之后，我突然发现在和学生沟通、交流的过程中，我也不知不觉发生了改变。我不再轻易地以自己的想法去衡量学生，而是更多地站在学生的角度去思考问题。朱永新教授说："学生欢迎没有教育痕迹的交流，欢迎没有心理距离的对话，欢迎促膝谈心的气氛。"那么要了解学生，走近学生，就需要自己先摒弃高高在上的心态，摆脱常常扮演的"警察"角色，丢掉惯用的批评"武器"。作为老师，我们要先做好自己，改变自己，再去影响以及改变学生。因为，最好的教育是言传身教，最好的教育是自然无痕的。

启示

有人说，人总要在有所经历后才会有所领悟，有所改变。但更多的时候，我们每个人的变化都是静悄悄的、了无痕迹的，就像山悄无声息地朗润起来了，水渐渐涨起来了，太阳的脸悄悄地红起来了，一切都是自然而然的。

希望我们能够趁着这大好年华，努力尝试，在静悄悄地改变中，成为更好的自己，不负一场青春之约。

小小乒乓球，大大地改变

河南省宜阳县张坞镇第一初级中学　姚闪闪

班级里有一个男孩儿叫小轩，调皮捣蛋，不写作业、逃课、抽烟、打架。班主任请了家长来，让家长带其回家，家长暴跳如雷，拒不配合，扬言要告到教育局去，说凭什么让孩子回家，说他们的孩子在学校受到了不公正的对待……

我是这个孩子的数学老师，每次交数学作业总得催他好几次，他才会拿着别人的作业抄一抄，应付一下。今年寒假开学的第一天，我到教室检查作业，他没有写，我说给你两天的时间把作业完成。第二天他还是没有写，是一个字都没有写，而且没有笔也没有本。我说再给你一天时间，抓紧买笔和本，如果没有钱我可以给你买，他说不需要。当我又一次上课并要检查他的作业的时候，他还是老样子，没有笔也没有本。我当时再也控制不住自己了，就站在讲台上给他的家长打了电话，而且开了免提。他爸爸接的电话，我说："您的孩子寒假作业一个字也没有写。在寒假期间，班里大部分同学都是每天在钉钉上提交作业的，我想着有的家长忙，所以没有强制要求在钉钉上提交作业，说开学来了交给我检查也行，但是小轩一个字也没有写，而且没有笔也没有本。寒假期间，学生在家里学习，家长是要起督促作用的，您是怎么督促的呢？"

他的爸爸反问我："我就不相信，其他人都写完了？就剩俺娃子了？"（班里的同学听到他的话都笑了）我说："是的，您可以问一下您的孩子。"然后我把电话给了小轩，小轩的爸爸对他说："我不是给你钱了吗？赶紧买个本，照着别人的抄一下，不要让老师给我打电话，我很忙，不要让老师打电话让我去学校，耽误挣钱你知道吗？"

这是我第一次和小轩的家长接触，真是大跌眼镜。随后这个孩子把作业也补了，偷工减料的，我也没有再去追究，只是感到心塞，不知道怎么办才好。

事情的转变源于一次乒乓球比赛。那天中午，我和另外一位老师在操场上打乒乓球，这位老师在打球途中接了个电话，然后去见学生家长了。我想继续打，就让操场上的同学去找一个没有午休而且喜欢打乒乓球的同学来陪我打一会儿。没有想到是他来到了操场，他见到我有点儿不好意思，我赶紧说："来吧，陪我打一会儿，我不太会，你要让着点儿我哦，发球慢一点儿，不要打快球，我接不住的……"就这样我们俩打了好久，他渐渐也放开了，开始教我发球，说我的姿势不对。

我趁机问他："你是不是特别喜欢打乒乓球啊？"

他说："还好吧。"

我说："那我下次还找你来陪我打，刚好让你教教我，数学上，我是老师，打乒乓球上，你是老师，你看怎么样？"

"行啊！"

就是这么一件小小的事情，让他有了明显的变化。他知道写作业了，还知道提醒他的同桌也赶紧写作业。我想是那个小小的乒乓球起了作用。

上周，他在课堂上玩儿手机，我把他手机没收了。刚开始他不愿意交出来，后来他说："老师你收了之后，可不可以不要交给班主任？你帮我保管着，周末给我，我拿回家，下周不带来了，我保证。"

一番挣扎之后，我答应了帮他保管手机。但我还是把这件事情告诉了班主任，我和班主任约定好，就当他不知道这件事。如果这个孩子真的能做到他说的，那么教育的目的已经达到了，有何不可呢？

我在想，如果我在课堂上大发雷霆，让他写检查，写保证书，请家长，然后把手机交给学校，对他进行通报批评，记过处分，结果会是什么？我不敢多想……

记得之前看到过魏书生老师的一个报道。魏老师让两个打架的孩子找自己的优点，说："孩子，你很优秀，你看，一个月 30 天，你只打了两架，剩下的 28 天都没有打架，这 28 天你都能守纪律，尊重别人，管住自己。咱争取下个月由打两架变成打一架，行不行？"结果是这个孩子一架也没有打。

现在再想起这个案例，心里很有感触。我们不要总是去强调孩子的错误表现，换一种方法，效果可能会更好。

老师，你为什么"泄密"

河南省洛阳市宜阳县第一实验高级中学　王姣敏

"勇敢"的阿哲

阿哲是班上很受欢迎的男生。他阳光帅气，活泼幽默，嘴甜，还有点儿小聪明，最重要的是他很"勇敢"。如果你在课堂上提问到他，或是用难题"敲打"他……放心，他会在自己出洋相的同时也挑战老师的教学能力。

"阿哲，你起来说一下第三个问题的答案。"

"啊？"他慢吞吞地站起来，"构成一个主权国家的基本要素有人口、领土、政权……"（卡住 10 秒），"还有一个什么……，怎么想不起来了……很重要的呀……，你看我这……"（继续卡住，外加自言自语）。

此时他周围的学生已经开始笑了，"笑"慢慢地辐射开，从涟漪变成波浪。

站在讲台上的我此刻的内心独白：多么拙劣的演技，多么老套的独白……但为什么他从不以为耻，还自带谐星体质……甚至有几个同学看他的眼神还有点儿崇拜。

"老师，我还是站到后面去吧。"未等我发号施令，他便已"整装待发"。

这就是阿哲，他是不是很"勇敢"呢？

不能说的秘密

一个燥热的午后，大约两点钟，我就到了教学楼。要讲下午第一节课时，我一般都会早到，先到隔壁教师休息室拿水杯。

忽然，我看到门口有个黑影子闪过来闪过去，我定睛一看——
是阿哲。

"要进来就进来，别在门口装神弄鬼！"我佯怒。

阿哲站在门槛外，满脸堆笑："老师，你累不累？"

"不累，怎么了？"我平静地说，但内心的"一级预警"已经拉响。

"老师，我有个事情想跟你说，麻烦你给我支支着儿……"他微微低下头，但眼珠子时不时地向上翻两下，暗中观察我的表情。

"嗯，乐意效劳，你说吧！"我满怀期待。

"是这样，我嘛，就是和咱班那个女生的事情，我感觉这件事好像被我们班的班主任知道了。但我也不确定，我正在考虑要不要去跟班主任说……不说我怕班主任……"他支支吾吾地，说到这里又卡住了。

"你和那个女生？哪个？"虽然我心中有个选项，但是不敢确定。

"就是……就是小云。"

"你和小云的什么事情？"我追问。

"就是小云喜欢我，我吧……也有点儿喜欢她……她总来问我题，上课时还老爱看着我笑，时间长了，我也有点儿……哎呀……你懂的老师。"阿哲撒娇似的结束了他的陈述。

"哦，是这样啊。那你是怕班主任跟你家长联系？"

"对。"

"所以想主动自首，争取宽大处理？"

"也算是吧。"

看着他，我心想，不愧是勇敢的阿哲，这样处理问题的人并不多。同时，我心中也非常感激他对我的信任。只是临近期中考试，如果能以此为契机转移他的注意力，让他集中精力学习，待考试结束后再"自首"岂不更好？想到这里，我便对阿哲说："说是肯定要说的，但是我认为你可以稍微缓缓。下周就要期中考试了，你如果能在考试中表取得好成绩，比上次联考有所进步的话，再去和班主任交流是不是更有利？另外也可以给自己一些时间，看看自己能否在关键时刻把注意力集中到学习上。好吗？"

"我感觉我应该能吧，就是她学习一直不好……"阿哲若有所思地说。

"她的学习成绩确实不太理想，这很影响小云的心情。她也希望在学习上能得到别人的帮助哦。至于你，如果你能，就不要带那个'吧'字。'能'与'能吧'的区别是什么？"

阿哲笑着说："多个字呀！"

"'能'是自我肯定，'能吧'是自我怀疑。"

"哦。那我……"阿哲不知道在想什么，顿了一会儿，忽然想起什么似的，"老师，你可得给我保密哦！"

"当然！"

我爽快地答应。

我曾经在课堂上先后提问过阿哲和小云，根据同学们的反应来看，这几乎是一个尽人皆知的"秘密"。别人心照不宣，而他"当局者迷"。

你为什么"泄密"

期中考试后，阿哲的成绩并不怎么好。我一直忙于考试后的各种会议、分析、总结，没有及时找他交流。但他在课堂上很消极，作业也不能按时完成，学习状态明显不对。尤其是看我的眼神，与往日很不同，这让我感到很困惑。

"你最近生病了吗？"我在教室外问道。

"没。"他看了我一眼，很不耐烦地回答。

"那你状态看着很不好，是因为考试没考好吗？"我进一步问道。

"没。""是和小云闹矛盾了吗？"

说到小云，他瞪着我，仿佛在用眼神审判我："我和小云的事情你为什么泄密，你说话不算数！"

"我怎么说话不算数了？"我反问。

"班主任知道了，她提醒我把心思都放学习上。"

我真是比窦娥还冤枉。阿哲的班主任为什么会知晓此事，那太简单了！全班都知道了，班主任会不知道？班主任难道没有像我一样在课堂提问或是班级活动中，发现他们俩"暗送秋波"？

接下来，我必须想办法帮助阿哲认识到这个事实，还自己"清白"！

"阿哲，你记不记得有一回，我在课堂上提问，我先让小云回答，她说不会，我接着就叫你起来回答？"我尝试着提醒他。

阿哲想了想，说："好像有这么一回事。怎么了？"阿哲还是一副站在道德制高点的样子。

"当时我一叫你，你旁边就有一些同学低着头笑，你记得吗？"我进一步帮他回忆。

"好像有，我记不清了。笑就笑呗，怎么了？"

"我想这样的情况肯定不只出现过一次。班里同学笑，说明他们可能发现了什么，但又不能说，也不想说。你觉得他们发现了什么？"

问到最后一句时，阿哲沉默不语，若有所思。

"有些事情，大家都是看破不说破，对吧？比如，你手腕上总戴着个蓝色皮筋儿，难不成是你要扎头发？"我看向他的手腕，那个蓝皮筋上的小丝带还在轻舞。

阿哲不好意思地笑了，脸颊泛起淡淡的粉色。

小云的"烦恼"

小云期中考试的成绩也很不好，无论课上还是课后，都能从她愁云密布的脸上读出焦虑和悲伤。

周四晚上第一节课，大家都坐在位置上大声背书，教室里的氛围被激情点燃，而小云却坐在位置上咬着笔头发呆。我叫她三声，她没听见，她的同桌拍拍她，指着窗外的我。

"小云，你想什么呢？怎么不读书啊？"

小云紧锁眉头，要哭的样子。

"有什么事别憋在心里，说出来会觉得好一些。说不定我能帮你想个好办法呢。"我轻声说。

"老师，我无法集中注意力，我背了很多遍，还是会忘，我也不知道为什么，就是记不住。"

"背书会遗忘，这确实让人烦恼。我们说'重复是记忆之母'，但也别忘了，'理解是记忆之父。'当然，如果你心里有什么事儿，总是不由自主地走神儿，背诵效果肯定不好。"我提示着。

"也没什么，就是感觉自己记性很差，学不好。"

"那……是谁分散了你的精力吗？"我委婉地问。

"谁分散了我的精力？"小云一边想，一边喃喃自语，"没有……嗯，确实没有。"

"是阿哲分散了你的精力吗？"我直接说道。

"阿哲？他分散我的精力？"说到这儿，小云擦擦眼泪，说道，"没有啊，他人很好，学习也比我好，我问他题，他讲得很细致，也没有不耐烦。我经常问他题的。"小云眨着大大的眼睛，认真地解释道。

"哦，是这样啊。"我微笑着掩饰我内心的困惑，"哎呀，我误会了。对不起啊。我看到阿哲手腕上戴着你的皮筋儿，还以为……"

"皮筋儿？哦，蓝色的那根？"小云问。

"嗯。"我点点头。

"我皮筋儿掉了，找不到。后来他找到还我，我看有点儿脏，就说不要了，送你吧……老师，你该不会觉得我……我可没那个啊，我这么笨，学习都应付不了，再多事，非崩溃不可。"

小云辩解着，纯白的脸上没有一丝说谎的痕迹。

我看着可爱的小云，呆住了。

盲目我

经历过剧情大反转之后，我一直在反思。

心理学中有一个"周哈里窗"模式，这个模式把人的心灵比作一扇窗户。它展示了关于自我认知和他人对自己的认知之间的差异，由此分割为四个范畴，如图4-1所示。

一、面对公众的自我塑造范畴（开放我）；

二、被公众获知但自我无意识范畴（盲目我）；

三、自我有意识在公众面前保留的范畴（隐藏我）；

四、公众及自我两者无意识范畴，也称为潜意识（未知我）。

周哈里窗（Johari Window）

	自己知道	自己不知
他人知道	Open 公众我	Blind 盲目我
他人不知	Hidden 隐藏我（秘密）	Unknown 未知我（潜能）

图4-1 周哈里窗

右上角那一扇窗称为"盲目我",也称"背脊我",属于盲目领域。这是自己不知道而别人却知道的部分,即所谓"当事者迷,旁观者清"。通常内省能力比较强的人,"盲目我"比较小。

显然,无论是阿哲还是我,都缺乏内省能力,都沉浸在自己的"确认偏误"里。

阿哲误认为小云喜欢自己,误认为蓝皮筋儿是"定情信物",误认为班主任也知道这件事,误认为我违背约定,泄密了……

我想当然地认为其他同学的笑是对他俩关系的"确认";

我想当然地认为男生手腕上的皮筋儿是两情相悦的"见证";

我想当然地认为阿哲的感觉是双方的"情窦初开"……

这次是我和小云进行了沟通和交流,又深入调查、观察,才慢慢拨开云雾的。而往日里,有多少回,错误可能是在我的干预中逐渐变质的,甚至有可能是以我的自作聪明的"管理"画上"圆满"句号的!

我们要正确认识自己,如果我们无法正确认识自己,又如何带领学生去认识自己呢?

与志合者共勉。

揭开课堂"捧哏"的神秘面纱

河南省洛阳市宜阳县第一实验高级中学　　王姣敏

我们班里有个优秀的"捧哏"

老师们都说，咱们这个班里有个令人欢喜令人忧的"捧哏"。我说咱们班又不是"德云社"，哪儿来的"捧哏"啊？就是"小龙"啊！有老师还开玩笑说，赶紧建议他去德云社面试吧，别在学校给耽搁了！哦，我知道了。

小龙在课堂上是个思维非常"活跃"的孩子，嘴皮子很溜，特别爱接老师的话茬，并且接得"妙趣横生"，引得大家哄堂大笑。

有一次我上政治课，请同学们思考储蓄存款面临的风险有哪些。其实，如果课前认真预习，不难回答。当我问道："谁来说一说，有哪些风险？"

我话音刚落，小龙就大声回答道："有人抢银行！"

同学们都笑作一团。

我引导道："这是一个非法活动，是小概率事件，我们想想有没有其他的？"

"忘带银行卡，忘记密码！"小龙立即大声回答道。

同学们都哈哈大笑。

我不忍心批评这个孩子，但是又必须提醒他。

于是我在沉默中给了他一个冷冷的眼神。待他低下头去，我接着说："请思考正常情况下，储蓄存款面临的风险。"

其实，我也可以直接在课堂上狠狠地批评他，毕竟他频繁如此，肯定会影响教学进度和学生们的学习效率。但是我没有，我害怕那样做，会让他走向另一个极端。

"捧哏"的神秘面纱

回忆自己的学生时代，似乎也有那么几个"捧哏"，我厌恶他们吗？并不，反而感觉他们的存在让课堂变得很欢乐，而且我那时还觉得他们很幽默，很有趣。他们接老师的话时，想睡觉的同学都竖起了耳朵。当然，这样的学生肯定是"让人欢喜让人忧"。

我思考了一下，学生在课堂上故意去接老师的话茬，一般有这么几种原因：

首先，为了获得关注，扩大影响力，用现在流行的话说叫"怒刷一波存在感"。在学生的评价体系中，除了看重学习成绩，他们还看重"影响力"。挑战老师，似乎是提升影响力的一种快速且有效的办法。（其实，"捧哏"大多时候都知道正确答案，但他更期待的是看老师如何应对）

其次，通过搞笑来展示幽默（事实上，"搞笑"和"幽默"是意思完全不同的两个词语），塑造"有趣的灵魂"，进而强化人设。"好看的外表千篇一律，有趣的灵魂万里挑一。"这些学生通过"捧哏"，展示了自己的幽默，在同龄人面前，强化了自己"有趣"的人设，满足了自己渴望被关注的需求。

最后，用自信掩饰自卑，用狂狷掩饰软弱。有些爱接话的学生往往成绩平平、相貌平平，他们在学生私下的一些评价体系中好像很难获得优越感，于是以此来证明自己也是有"一技之长"的，进而获得别人关注和喜爱的。

当然，除了这些原因以外，也存在无意识接话和逆反心理等原因。但无论是什么样的接话茬，大都指向两个心理需要——渴望获得尊重、关注，渴望自我实现。

美国心理学家马斯洛认为，人的需要由生理的需要、安全的需要、社交的需要、尊重的需要和自我实现的需要五个等级构成。尊重需要，即自尊和希望受到别人的尊重。自我实现的需要，即人们追求实现自己的能力或者潜能。

所以，那些明知正确答案却在课堂上"捧哏"的学生，他们一般渴望受到尊重、关注，渴望自我实现。但这些需要并没有在学校得到满足，只能通过其他的方式展示出来了。

搞笑是一种表演 幽默是一种素养

对此，我们应该怎么做？如何既纠正他们的错误又能保护好他们的积极性呢？

首先，先用"退烧贴"，物理降温。对于在课堂上频繁搞笑的孩子，及时制止并没有错误，毕竟学生要有遵守课堂纪律的规则意识。但要注意点到为止，如直接说"今天内容很多，请严肃、认真思考问题"，或是沉默地盯他一小会儿，他就会有所收敛。教师不宜在课堂上过多地说，因为那样做既会影响进度，转移其他学生的注意力，又会影响学生参与课堂教学活动的积极性。

其次，课下交流，换位思考 。在课下交流中，先肯定他参与课堂教学活动的积极性，毕竟这些学生对活跃课堂气氛起到了积极的作用。然后再引导他换位思考，如果他正在背书或是赶着做作业，而此时有一个人在一边不停地给他讲笑话，他会不会感到很开心？他会不会很享受？同样，老师和同学们都是有学习任务的，如果频繁在课堂上"捧哏"，不仅影响教学进度，影响同学们的学习效率，连他自己也难以集中注意力……这样说，他应该能理解老师的用意。

那么，至此是不是就结束了呢？

如果做完这两步就结束了，我们可能会发现，他很快就会"旧病复发"。为什么呢？这两个做法一个是缓兵之计，治标不治本；一个是从"己所不欲，勿施于人"的角度来抑制他的不当行为。作用肯定会有的，但要想从根本上解决问题，这些是远远不够的。心理需要宜疏不宜堵，必须想办法满足他渴望受到尊重、关注，渴望自我实现的需要。

所以，功夫要下在平时。挖掘他潜在的才能，搭建平台让他展示，让他在合适的时间、合适的地点，以合适的方式释放出来，进而使其收获真正的成就感。

如结合小龙的学习情况（喜欢并擅长语文），提前安排小龙在语文课上讲解试题或是根据作文主题进行演讲。当然，教师必须提前和小龙交流好，在讲解试题的步骤、侧重点、时间把控方面予以指导，争取让小龙的这次展示与以往的"展示"完全不同。这次的课堂展示是勇气和实力齐飞的高质量展示，也是他改变自己在别人心中印象的关键机会，更是引导小龙在自我实现的道路上迈出的第一步。

我还会结合小龙的爱好，向他推荐著名的喜剧作家的作品，如卓别林的喜剧影片等，让小龙深刻地体会到"搞笑"和"幽默"的区别（个人认为，搞笑是一种表演，而幽默是一种素养），让小龙渐渐理解任何玩笑都离不开"分寸感"。

我相信，如果能将这三种方法系统使用，坚持不懈，小龙肯定会学会适时适度地"捧哏"，建立真实的自信。如果他以后还想施展这方面的才华，就不会刻意地表演，他将自然而然地流露出高级的幽默，他收获的将是观众们心有灵犀的笑和笑完之后的反思。

写给小龙的话

最后这段话送给小龙，送给我们未来的喜剧大师。（我很看好你哦）

搞笑的"搞"字，使它与真正的幽默绝缘。

因为真正的幽默所引发的笑，笑过之后会发人深省。

它不用刻意去"搞"，它只是"不期而遇"，是幽默的人与真懂幽默的人，即便穿越时空，也能心有灵犀地一笑。

教室里的零和博弈

河南省洛阳市宜阳县第一实验高级中学　王姣敏

"塑料姐妹花"

金子和娟子都收到了大学录取通知书,她们在微信群里和大家分享这个好消息。

金子喜极而泣,娟子热泪盈眶,她们幸福的泪水隔着屏幕流到了我的心里。

"这下好了,你们一个北上,一个南下,省得'政见'不一!"有学生在群里开玩笑道。

"怎么会呢?我们俩现在可是中国好闺蜜!"金子说道。

"好闺蜜?好闺蜜也叫塑料姐妹花吧?"同学们开着玩笑,还配上了龇牙咧嘴大笑的表情。

玩笑归玩笑,但却勾起了一段班级往事。

金子 PK 娟子

高一刚开学,师生、生生之间都不熟悉。但"班不可一日无长",我必须马上解决"班长"这一职位空缺的问题。慌忙之中,我临时指派了一个到教室比较早,看起来诚实可靠的孩子来当班长,她就是娟子。

虽然有了班长,但也必须立马组建班委团队。于是,在周一下午的班会课上,我让同学们自由讨论,推选副班长和其他班委。讨论大概进行了十分钟后,我也走下讲台听同学们"叽叽喳喳"。

"好,我们先讨论到这里,那么,现在大家有什么建议?"我大声问道。

"金子……金子以前就当过班长!"不知谁吆喝了一句。

"哦，刚刚我也听到很多人都说到了金子。金子同学，请站起来。"我只闻其名，不闻其声，只能点名了。

只见一个瘦高的女孩儿站了起来。她眉眼间有一股藏不住的自信，但又紧绷着两片微笑的嘴唇。

"金子，你愿意做副班长，协助班长娟子吗？"我发出邀请。

全班的目光都聚焦在她身上，都期待着她肯定的回答。

沉默了有一分多钟，她干脆利落地回答："要当就当班长，我以前只当过班长，没当过什么副班长。"

我惊了。

全班也惊了。

沉默中，大家把目光聚焦在班主任——我的身上。

我必须立马做出回应。

娟子已经被指派为班长，并任劳任怨，前段时间还为班级管理立下了汗马功劳。难道因为别人一句话我就改变班长人选吗？不能！

可是看着金子自信满满的样子，我犹豫不决。要马上回绝她吗？她会不会再说出什么"惊人之语"呢？

不能再思考了，必须赶快做出决定！

"咱们刚开学，不熟悉，不如这样吧，你负责班级'外务'，比如学校的一些学生会议与要传达的内容；娟子负责'内政'，平时的一些班级内部事务，比如班干部轮值任务的分配等。一方面锻炼自己，另一方面也让其他同学了解你们。咱们公平竞争，两周后，由大家投票表决。你们看怎么样？"

坐在位置上的娟子没说话，站着的金子看了她一眼，露出一丝微笑，点点头，坐下了。

教室又恢复了平静。

但接下来的两周，却并没有那么"平静"，我基本上是在娟子委屈的泪水和金子愤怒的泪水中度过的。

金子开完了学生会议，回到教室后要利用自习课"传达精神"，而娟子刚刚强调过自习课要专心致志完成作业，提高学习效率；娟子要带领值日生去打扫考场，但金子要带领值日生中的三个人去办展示墙；金子早上踏着点儿到了教室，娟子将她的名字记在了迟到一栏，金子表示不服，说："××也是踩点进来的，你怎么不记他的名字？公报私仇！"与金子相比，娟子不善言辞，只能跑到我这儿哭诉。我稍加宽慰后，将金子叫来，告诉她们"以身作则""公事公办"的重要性，看她俩没什么大问题后，就结束了谈话。

可事实上，她们两人之间还是有很多问题的。

而更让我想不到的是，从"政见不一"导致学校要求无法落实，到同学关系的日渐疏远，班长竞争竟然演化为"两派"之间的"口诛笔伐"。娟子所在寝室的女生们认为金子太霸道，金子的好朋友们认为娟子能力有限……我面对着自己制造的惨烈的竞争场面，愈发手足无措！

金子积攒的情绪太多了，吃完午餐，她带着心中快要爆炸的"气球"冲进了我的办公室。

"今天早上宣读的模范班集体的资料中，班长的名字为什么是娟子？"

我一头雾水，忽然想起来，在今天早上的升旗仪式上，学校宣读的模范班集体的资料中，班长的名字确实是娟子。估计是最开始时校办登记的就是她，而后我们班实行了双班长竞争制，我也没有去改，信息没有更新。

"那是刚开学时登记的信息，而后校办没有再问，我也忘记去改。你可别想多了。"我解释道。

"忘记去改？老师，你不喜欢我就直说啊。你知不知道，对于咱们班的事情，我出了多少力，费了多少心！你问问咱们班的人，上周都是谁在干活……"愤怒燃烧完后，她的眼泪像断了线的珠子一样重重地落在我的心上。

而此时，娟子也走进办公室，脸上写满了委屈。显然，金子的大炮已经在她那儿轰炸过了。

我自责极了。

我必须赶快安抚她们的情绪，尤其是金子。然后再想对策，结束这糟糕的"竞争"。

"说真的，都是我的错。这事情怪我，没有及时与校办做好沟通。还有我不应该搞什么竞争机制，你们两个能在学习之余帮我管理班级、服务集体，这已经非常难得了。再让你们因此影响学习、影响心情，实在是太不应该了。金子，今天这件事情我道歉。这段时间太忙，我确实是忘记去改信息了。你做的我都知道！全班同学也都知道。"

"我看你就是不喜欢我，偏袒娟子！"金子抽泣着，腔调软了下来。

看着她紧锁的眉头慢慢舒展，我左手拉起她，右手拉起娟子，为难地说："哎，你说这左膀右臂哪个更重要呢？"她俩沉默着。

我望着她们继续说:"你们俩呀,得记住,班长维护的是集体的利益,如果一个人将个人凌驾于集体之上去考虑问题,那即便当了班长,恐怕也不得人心呀!其实你们两个各有千秋,要是能合二为一,咱们班肯定是最优秀的!三天后,咱们当初说的两周期限就到了,我会让大家投票选出班长,不过无论谁当选,我和同学们都会给你们颁发奖状的!快说,想要什么奖品?对了,不准说想吃辣条哈!"

娟子看着金子,小声地说:"你说吧,你想要啥都行,我……我随你!"

金子一脸"嫌弃"地说:"真服了你了!能不能不要在老师这儿扮演弱势群体!弄得跟我欺负你似的。"

娟子尴尬地笑了,金子的怒火也渐渐熄灭。

伴随着上课铃,她们一同走进了教室。

而后的投票选举,虽然金子和娟子的票数都不少,但她俩的票数被劳动委员和学习委员赶超了,最终她俩都无缘班长。

班里有人表示震惊,但我没有。

这是意料之外,也是情理之中。

涛声依旧

这是我第一年当班主任的故事。我想起这个故事,反思自己当初在很多事情上"处理不当"。如情急之下"拍脑门做决定",对班级舆情的反应迟钝,没有与班干部及时沟通,最糟糕的就是盲目采用"竞争机制"。

竞争机制好不好呢?

一个班长的位置,两个人竞争。很明显,这是差额选举,零和博弈。在教育中,我们引入博弈的初衷是增强学生的竞争力,但我们必须同时看到,竞争意识有时也会产生负面效应。人一旦开始进入零和博弈,认知地图就容易被对手锁死,只见树木,不见森林。如果博弈机制和评价机制不完善,也会导致诸多问题。零和博弈将学生的注意力集中在输赢上,而忽视了对过程的体验和博弈的根本目的,致使结果背离初衷。这就是为什么金子和娟子会从同学变成了"敌人";零和博弈过分重视某一项能力的提高,而忽视了同理心等多元正面情感的培育。在娟子和金子的竞争中,受影响的何止她俩,她们的朋友也被卷入其中,被要求"站队";在这种博弈中形成的竞争意识是有损于人的核心竞争力的,无论是在班干部的竞选中,还是在成绩排名上,或是对某项荣誉的争夺中,如果班主任处理不当，做不好博弈前的心理建设，过程中的相机调控，有结果以后的多元评价，我相信在教室里，会出现许多争强好胜的学生，或者在理想和现实的矛盾中难以自洽的学生……

成人礼风波

河南省洛阳市第九中学　高单单

18岁成人礼的前夜，我突然接到了小超同学家长的电话，语气很焦急，很无奈，还隐隐带着哭腔，"老师，孩子坚决不让我和他爸爸去参加他的成人礼……"

"发生了什么？你们和孩子吵架了吗？"

"没有，今天晚饭时，我问他想让谁来参加他的成人礼，他突然就爆发了，摔了筷子，还把自己反锁在了屋里……"

我一边安抚着家长，一边在脑海中迅速搜寻着关于小超同学的记忆——他很瘦，将近一米八的身高，还不到一百斤；他很沉默，总是一个人独来独往，很少和其他同学一起打打闹闹；他很负责，凡是交代他的事情，总能保质保量地做到最好；他很敏感，曾经和班里与他关系最好的男生发生过矛盾；他上课时总是低着头，偶尔提问到他，回答问题的声音也总是很小；他很害羞，和他开玩笑时，他会很局促不安；他很少展露笑容，笑起来的时候会很羞涩；他的成绩不错，但近来有所下降……

电话中的母亲先是哭泣，继而开始抱怨，抱怨生活的艰难，抱怨孩子爸爸的懦弱无能，抱怨小超同学的懒惰和不可理喻。"我每天累死累活地回到家，做了饭叫他出来吃，他还甩脸子给我看，一言不合，就离家出走……"

我见过小超同学的父亲——那是一个极度沉默的男人，曾因为小超同学在专业课上看漫画而被叫到了学校。在长达一个小时的交流中，他除了一句"你说你需要什么，我现在就去给你买……"之外，再无一句别的话。

"老师，你说我辛辛苦苦把他养这么大，怎么养了个白眼狼呢？"

"我从来没缺过他吃，也没缺过他穿啊！他哥和他弟有的东西，一样也没少给他买啊！可为什么，他就是不愿意和我多说一句话呢？"

我虽然在极力安抚她的情绪，但她始终很难平静下来。时间已近午夜，我只好答应她，明天先找小超同学谈谈，并说如果她明天有时间，请在成人礼结束后来办公室找我一趟……

第二天上午，从来不迟到的小超同学破天荒地迟到了。而且他的状态不是太好，眼睛下面一圈乌青。

"听说你不想让你妈妈参加你的成人礼，能告诉我原因吗？"我尽量让自己的语气听上去比较自然。

他不说话，我再问，他的眼泪便下来了。一米八的男孩子，眼泪就那么一颗颗落了下来，看得我既心疼又难过。

小超同学说他是家中老二，他还有一个哥哥和一个弟弟。他没多说，但我大约已经能够知晓他心中所有能说的、不能说的委屈与不甘心了。

强势霸道、说一不二的母亲，沉默寡言、懦弱无能的父亲，已经上大学偶尔还能帮衬一下家里的大哥，嘴甜勤快懂得讨好母亲的小弟。生活在这样一个家庭中，他仿佛无论做什么都是错，他无论做什么，母亲都不会看到。更何况在相对"优秀"的哥哥和弟弟的衬托下，他的缺点越发明显……

这一次的交流不算顺利。整个聊天过程中，几乎都是我在说，说我其实懂得而且理解他的委屈，说长久以来的中国式父母的霸道和强势。其间，小超同学一直在无声地抹着眼泪。

长久以来，在家庭生活中缺少存在感的他，已逐渐丧失了与人正常交流和沟通的能力。

我看着他，不过十几岁的孩子，却连哭都是隐忍的。这样的孩子让人心疼，这样的家庭让人无奈。

经过一个多小时的沟通，小超同学最终同意让他的母亲参加他的成人礼。当我把这个消息告诉他母亲的时候，在短暂的惊讶过后，她更多的还是愤愤不平……

考虑到小超同学的情绪，我告诫他的母亲，如果她还是这种态度，那么下午的成人礼，她真的没必要来了。反正会有老师代替不能来的家长，陪孩子一起完成这场仪式……大抵是我的语气并不友善，小超同学的母亲最终答应控制好情绪的要求。

成人礼结束后，我匆匆回到办公室，一直等到晚上 7 点钟，小超同学的母亲也没有来……

仪式早已结束，操场上还在下雨，但刚刚经历过成人礼仪式的孩子们都没有走，他们拉着父亲或者母亲的手，在成人门和祝福墙前合影留念……尽管我没有去看，但我知道，在那些人中间，一定不会有小超同学和他的母亲。

大约两周后，小超同学的母亲突然来找我，她先是向我表示了感谢，说小超同学最近表现不错，偶尔还会做做家务什么的。可没一会儿，她的老毛病就又犯了，又开始抱怨小超同学不如他弟弟乖巧，小超同学脾气太犟……

恰好有同事推门走了进来，我客套了几句，便打发她离开了。

午后的阳光炙热难耐，一股难以言说的悲哀从心底深处慢慢浮了出来：我为自己无力说服小超同学的母亲而感到悲哀，更为小超同学有这样的母亲而感到悲哀。

我不知道，这世上还有多少像小超同学的母亲这样的父母——他们打着"我是为你好"的旗号，堂而皇之地把"你看看别人家的孩子，再看看你……"之类的话挂在嘴边；他们把孩子当作自己的附属物；他们以爱的名义，一次次地伤害孩子而不自知；他们用道德绑架的方式，逼迫孩子去做他们不愿意去做的事情。

更可悲的是，小超同学曾歇斯底里地表达过自己的愤怒，但他的母亲却始终不认为自己有什么错，"我不过是说了他几句，可能我当时在气头上，话说得比较难听。但谁家孩子不被说啊，一个男孩子，哪里就那么娇贵了？"

看着这个固执的母亲，我犹豫了一下，最终还是和她说起那个案例：国外有一位父亲看到儿子终日沉迷于电脑游戏，无所事事，在愤怒失望之余，拿来一把上了膛的手枪，把它放在儿子面前，并怒不可遏地说道："有种你就别活了！"谁知就在这个父亲转身的一瞬间，儿子真的扣动了扳机。等这个父亲回过神来，儿子早已瘫倒在地，没了呼吸。

小超同学的母亲可能没听说过"语言暴力"这个词语，可能并不知道她原本无心的一句话会在儿子的心里掀起多大的波澜。但小超同学长久以来的沉默和抗拒，到底令她有些恐慌，"老师，真的会那么严重吗？"

我相信，小超同学曾经一定很依赖他的母亲，即便是在极度失望和难过之后，他依然选择了由他的母亲来参加他的成人礼。

可是后来，怎么就变成了这个样子呢？

为什么曾经那个愿意和我们分享一切的孩子，突然有一天，会对我们横眉冷对，吹胡子瞪眼了呢？

是谁悄悄关上了交流的大门呢？仅仅是时间吗？

愿所有的父母深思！

细节决定成败

河南省洛阳市第九中学　高单单

单亲家庭的孩子无论外在看上去多么正常，可内心深处总有某个地方是不完整的，是存在缺憾的，是外人一不留心就会触碰到的永远不能愈合的伤口。所以，班主任在对待这些孩子的时候，一定要格外小心。因为在你看来一句无心的话，一个无意识的举动，落在那些孩子的心里，可能就是一场风暴。

我曾经遇到过一个父母离异的女孩子，15岁，虽然被判给了父亲，但大多时候她都和母亲生活在一起。很漂亮的一个小姑娘，但性格有些孤僻，平时除了看书，很少和同学交流。

因为她连续迟到，我告诉她需要通知家长。她没说什么，只说让我给她的妈妈打电话。也许是觉得孩子不太听话，尽管我一再强调孩子让我和她联系，但这位母亲依然态度坚决地让我和孩子的爸爸联系。于是，我便给孩子的爸爸打了电话。这位爸爸来到学校后，态度很温和，没怎么批评她，只说让她以后注意点儿……于是，我便想当然地以为事情就这样结束了。

接下来一切都很正常，晚上她还请假去了辅导班……直到晚上十点半，她突然给我打电话，一边大哭，一边质问我为什么要给她的爸爸打电话……我的解释她完全听不进去。电话里，她哭得撕心裂肺……

那一刻，我只感觉到了寒意，从脚底蔓延到头发丝儿的寒意。我第一时间联系了她的妈妈。万幸的是，经过我和她妈妈的轮番劝说，她的情绪总算稳定了下来——再然后，她转了学，从此便没了联系。

多年后，她的那一句"我都说了跟我妈妈联系，跟我妈妈联系，你为什么要给我爸爸打电话"就像是惊雷一般，沉沉地落在我的心上，时刻提醒着我：那些在你看来并不重要的言语，对于单亲家庭的孩子来说，却是一场地震，而我们作为教育工作者，必须要注意到每一个细节。

点亮心灯，照亮多彩人生

  细节决定成败。直到今天，我依然时刻提醒自己，要做一个比学生还要敏感、还要细心的老师！

今天，我发火了

河南省洛阳市第十五中学　李芳芳

一次大扫除，因为孩子们入校已近半年，我相信孩子们自己打扫卫生应该没问题，所以也没进教室督促。学生会检查时，我刚走到门口，恰巧听见他们说："板槽里和讲桌上有粉笔末儿，没擦干净。"我没说话，径直走到班级后面，一眼就看到了两个垃圾袋，顿时火冒三丈，"谁把垃圾丢进垃圾桶的？检查前丢的还是检查后丢的？"

"检查前丢的。"世俊同学说。

我更生气了，"谁扔的？不知道检查前垃圾桶里不能有任何东西吗？"

只听后排两个男生支支吾吾，最终也没人承认，我更生气了。我试图让自己先冷静冷静，毕竟是自习课，孩子们需要学习。于是，我站在教室后面足足冷静了5分钟。直到收到办公室主任的一条通知，我才拿上东西走出教室。

下午的班会课刚讲了文明修养，就发生了这件事。做错事还不承认，实在是气人！晚饭期间，我认真思考了这件事。如何抓住这个教育契机对学生进行思想教育？

我打算先找卫生班长、卫生委员和值日人员询问，做到心中有底，明确他们的职责范围，并让卫生班长问问这到底是怎么回事。第一节晚自习课后，鹏辉和佳烨来找我承认错误。

"我以为检查完了，就顺手把垃圾扔了。"鹏辉先开口。

"我看垃圾桶里有垃圾，我也以为学生会检查完了。"佳烨不好意思地说。

"还有一位同学也扔了。"佳烨补充道。

我让世杰再次进班询问。

随后我说，"你俩来找我承认错误，这是值得表扬的。你们认为我是罚值日生合情合理，还是罚你们合情合理？"

"肯定是罚我们，我们打算明天和第三小组一起打扫清洁区。"

"好，有担当。下次记住了，回去准备上课吧。"

一会儿，思敏来了。"老师，我在检查前也往垃圾桶扔垃圾了，因为我看见桶里有垃圾，以为可以扔。"

破窗效应呀，我顿时哭笑不得。"这是第一次也是最后一次，你打算怎么弥补过错？"

"我也打扫清洁区吧。"我答应了，只愿孩子们能够吃一堑长一智，增强班级荣誉感。

就这样，在我的主动询问下，犯错的孩子们为自己制定了惩罚清单。如果我不主动追究，他们会主动承认错误吗？对此，我自信不起来。接手新班，我对孩子们的引导教育还非常不到位，心慈手软，害怕他们因为种种事耽误宝贵的学习时间。事实上，我越"纵容"他们，越影响他们的学习。我应该多学习一些管理技巧，让学生懂得做任何事都要有原则和底线，有错必罚，有错应立即整改。这样他们才能真正适应高中生活，才能真正成长。这顿火发得值，既让犯错的孩子认识到了问题，增强了他们的担当意识，又让我看到了自己在管理上存在的漏洞和过失。我利用课余时间，把自己的想法和反思的结论分享给了我们班的学生。我们共同约定，每天要把看似平凡的"小事"做好，尽量减少被"小失误"绊倒的概率。

细节决定成败。为此，我打算在班级内推行"精准、精细、精致"三精公约，进而让孩子们更好地完成自己在高中阶段的学习任务，营造更加温馨、和谐的班级氛围。

与我的学生共勉：勿以恶小而为之，规范自我，不要让"破窗效应"一再发生。

随身带个小"相机"

河南省洛阳市第十五中学　李芳芳

闲暇时光，我喜欢翻看手机相册，那里留存的都是我们班的孩子们的真实生活，是我们珍贵的回忆。担任班主任时，我用手机的相机功能捕捉了一个又一个我认为有意义或者有意思的瞬间：课前，小小辅导员上台讲题；课间，孩子们在一起答疑解惑；预备铃响起，孩子们举起右拳激情宣誓；自习课上，孩子们静悄悄地进行巩固练习；操场上，孩子们尽情地打球、嬉戏；迎新会上，孩子们尽情施展才艺；纪念"九一八事变"时，孩子们默哀立志；优质课上，孩子们大胆展示自我……

李镇西老师说："从某种意义上说，随时用相机拍下教育现场，体现了一个教育者的教育情感。当拿着相机对准学生的时候，他的情感一定是最投入的；按下快门的那一瞬，他全身心都倾注于学生。"的确，每拍摄一张照片，我都小心翼翼，从镜头里屏息凝视孩子们的状态，生怕错过精彩瞬间。我是爱他们的，所以必须用心拍摄，捕捉每一个孩子的闪光点，精心挑选后将照片发到家长群，以此达到激励孩子们的目的。

每当我把孩子们的精彩表现发到家长群，都会引来家长们的一致称赞。他们看了孩子们的精彩表现之后肯定很高兴，有谁看到自己的孩子进步时会不开心呢？有谁愿意自己的孩子落后呢？有了家长的支持和配合，学生教育工作就会顺利很多。

文理分班已两周有余，孩子们由陌生变得熟悉，由不适应变得越来越适应了。为了提升班级凝聚力，我寻求了纪律委员的帮助，她提议午饭后花 15 分钟的时间让全班一起学习德育手册，我和班委成与阿奴都表示同意。重新学习德育手册，由小组长领着学，一方面可以增强孩子们的纪律意识，另一方面也是最重要的一方面，即可以营造良好的小组学习氛围。谁也不希望给小组抹黑，自然会约束自己的行为。

为了起到更好的凝聚效果,我提议小组成员一同起组名并阐释组名内涵。孩子们讨论得不亦乐乎。5 分钟后,小组名就都诞生了——"新蜜蜂"组、"光宗耀"组、"破光"组、"emo"组和"吾艳"组,孩子们真是不拘一格。第二天中午,在完成当天的德育手册学习任务之余,孩子们你一言我一语,共同阐释了组名的内涵,最后由组长上台总结。五位组长自信大方地把小组成员的心声表达出来,赢得了全班同学的阵阵掌声。我则快速按下手机相机快门,拍下这精彩的一幕。孩子们只要愿意交流、阐述自己的观点,哪有不精彩的?作为班主任,我只需做些引导和点缀,提供个平台罢了。

　　越往前走,我越发现,当好学生的服务人员,特别是拍照人员是很幸福的!

一场特殊的演唱会

河南省洛阳市第四十中学　王军转

从高二接手这个班开始,已经两个月有余,我一直觉得自己兢兢业业,掏心掏肺地为他们的前途着想、铺路,为提高他们的成绩想方设法。可就在上个星期的匿名评教中,竟然有几个同学对我颇有微词。

"每次我们要请假的时候都找不到人……"

"班主任太过武断,不顾及我们的感受。"

"希望能像其他班主任一样……"

这些话如一瓢瓢冷水,狠狠地泼在我的头上,深深地刺痛了我的心。望着镜子里的自己,我开始痛定思痛。首先,身材臃肿,面色苍白,加上晚上休息不好而神情倦怠。我这形象跟上一任活力四射、年轻靓丽的班主任相比,怎能不让人有心理落差!其次,我需要经常回家照看孩子。所以,一上完课,我就得匆匆地离开学校,导致学生需要我的时候老是找不到我。很显然,我们之间缺乏沟通,彼此感情错位,相互埋怨。我们必须开诚布公地谈一谈。所谓,亲其师,信其道,如果学生不认可自己的班主任,那么无论是对班主任自身,还是对他们的学业,都有着不可估量的负面影响。

怎么开口好呢?有一天早上,我在散步的时候偶尔听到了一首歌——《像我这样的人》,我的眼泪一下子就出来了,这不就是唱给我的吗!

我灵机一动,一场微班会就初步成型了。

周二下午的第三节课开班会,我像往常一样走进班级,看着忙着写各科作业的学生清了清嗓子:"大家把手中的作业都先收起来,这节课给大家发个福利,请大家看一场演唱会。"大伙儿一愣,觉得有点儿不可思议,因为我曾要求大家把一天所有的时间都安排上,"争分夺秒奔前程!"所以,在他们看来,花一节课的时间看演唱会简直就是做梦!我在大家惊异的目光中,打开了一个演唱会视频!是的,视频中的歌手正在唱

125

的就是那首《像我这样的人》。伤感的音乐如水般缓缓流淌出来，教室里渐渐安静下来。从他们那渐渐肃穆的表情里就能看得出来，歌声有些打动他们。尤其是那句"像我这样聪明的人，早就告别了单纯，怎么还是用了一段情，去换一身伤痕……"让我禁不住红了眼。我想到了为他们辛苦付出的种种，想到了他们那阳奉阴违的应付，有种被辜负的心痛。我悄悄别过脸去，"你们知道吗？今天早上我在跑步的时候，一直在循环播放这首歌。我觉得自己失败极了，歌中的每一句，都像是为我写的。"我把"碌碌无为"四个字重重地写在黑板上，说："我曾经这么优秀的人，忙忙碌碌到如今却外无功名傍身，内不得人心，一事无成，我是不是很失败？"

大家好像听出了我这句话的弦外之音，纷纷表示我挺好。是啊，他们还都是孩子，都很善良，我的课代表甚至跑过来抱了我一下，表示对我的认可和支持。当然，也有几个人悄悄地低下了头，不敢跟我对视。

"你们算是我的第一届学生，我希望我们能坦诚相对，相互成就，我不想做一个碌碌无为的人，在人海中浮沉。你们呢？想吗？"

"不管我以前多么平庸，从现在开始我要做一个寻找的人！是的，我想为你们，认真地奋不顾身一次，可是我却感到很孤单，你们没有跟上我的热情，我真的很迷茫，很失望……"

情到深处，我竟有些哽咽。

"我不是一个优秀的班主任，甚至目前还有很多身不由己的地方，不能够全心全意地陪在你们身边。可是，我真诚地为你们着想，真心地希望你们都越来越好，通过这两年的努力，换得人生的高起点。"

接下来，我跟大家解释了自己目前的处境。作为一名军嫂，我面临着家庭和工作的双重压力，可是我不甘平凡，我要为自己赢得一个美好的明天！所以，我产假没结束就选择奔赴工作岗位。对于自己做得不够的地方，我真诚地跟孩子们道歉。

那一天，我用一首歌，把真实的自己展现给孩子们看，我毫无保留地向他们展示了自己的懦弱、平凡、孤单和不甘，当然还有歉意。同时，我也看到了孩子们的纯真和善良，他们数次上台和我拥抱，我们流着眼泪，哭着、笑着。我知道。这首歌不仅唱到了我的心里，更深深触动着他们的心。同样作为逐梦人，我们有着大致相同的境遇，平凡却不甘平庸。我们一次次跌倒，再一次次爬起来。也许有些人已不堪重负，在高二这个分水岭上苦苦挣扎，迷茫而无助，这首歌所唱的何尝不是他们的心声！我声嘶力竭地为他们呐喊、鼓劲儿、出谋划策，其实他们都看在眼里。我们约定要一起变得更美好！我要打造自己的靓丽形象，内外兼修，两年以后穿旗袍送他们走进高考考场；他们要在高中剩下的两年时间里，为梦想全力以赴，不做任何无意义的事。我们约定，不管功名利禄如何，一定不要忘记自己的初心，乐观坚强地创造幸福！

从此以后，我跟孩子们的距离一下子拉近了，是的，我终于走进了他们的心里。我也从他们的言谈举止中看到了他们对我的种种"心疼"，他们会因为自己犯的错误影响了班级考核成绩而自责；他们会努力提高成绩让我高兴；他们的目标更加明确，脚步更加坚定，班风学风也渐渐好起来。我们不仅是师生，还是朋友，我们相互搀扶，相互激励，一起走过那段峥嵘岁月。

那场演唱会成为我们关系的重大转折点。如今听到这首歌，我依然会动容。我坚持运动、学习，内外兼修，在平凡的岗位上播种幸福，孩子们也经过高考的洗礼，如雄鹰一般勇敢地搏击长空！我们都找到了自己的位置，勇敢地创造幸福！我想，这就是教育最大的魅力！感知幸福，播种幸福，创造幸福，传递幸福！相信多年后，我的学生再听到这首歌时，依然会想起我。

小盲盒 大魔力

河南省洛阳市瀍河实验学校　岳凤伊

德国著名哲学家雅斯贝尔斯说过：教育的本质就是一棵树摇动另一棵树，一朵云推动另一朵云，一个灵魂召唤另一个灵魂。

我很庆幸能继续和孩子们一路相伴。这学期开学已将近两个月，我深切感受到孩子们真的长大了。新学期以来，当发现小红花的激励作用不强后，我立马思考，到底该用什么方法持续激发学生的学习积极性，提高学生参与各项活动的积极性，增强班级凝聚力？很快，手边的一叠明信片引起了我的注意。于是我顺手写了三张，选择了这学期进步比较大的三位同学，以他们为对象。写完后，用信封装好，还在每个信封里各放了一颗糖果。下午上队会课时，我拿出三个信封，语重心长地跟孩子们说："同学们，知道老师手里是什么东西吗？"

同学们一下沸腾了，七嘴八舌地说道："是信封啊！""是岳老师要送我们的礼物吧……"

我示意学生安静下来，说道："大家都知道，以前我们都是每周给表现好的同学发表扬信。这学期，岳老师想换个方式。你们都拆过盲盒吗？岳老师这学期啊，每周会带来三个盲盒，奖励给表现好、有进步的同学。里面有两样东西，一样是岳老师写给你的明信片，这是标配；还有一份神秘礼物，可能是一颗糖、一幅毛笔字、一支水笔……每次每个人的礼物都各不相同。"

话音刚落，班级里响起一片欢呼声，当我宣布了本周得到盲盒的三位同学的名字后，他们迫不及待、神采奕奕地走上讲台领取属于他们的荣誉。为了让这样的奖励方式更具神秘感和吸引力，我也叮嘱这三位同学在学校千万不要打开，回到家再看。

本来只是一次简单的尝试，没想到却收到了意想不到的效果。第二天一早，席茉萱早早地来到学校，激动地对我说："岳老师，你昨天送我的盲盒，我读了那张明信片上的文字，可激动了，我妈妈看了，都感动哭了。"她紧紧拉着我的手，脸上满是真诚和自豪。

　　那天的早读，她无疑成了班里状态最好的那一个。有了我的特别礼物，她像打了鸡血一样，干什么事都活力满满，晨读时眼里满是光芒，在课堂上回答问题时小手举得高高的，课后站队时像一棵小松树一样站得笔直。更可喜的是，原本席茉萱的作文写得并不好，但信封里的一段简单的文字激发了她的写作热情，她每天下课就拿着自己打好的草稿，追着让我修改，写作兴趣也被调动起来了。一个小小的盲盒，却有如此大的魔力！这也让我十分意外，原来孩子们的快乐如此简单。老师对学生多一点儿用心，学生就会多一点儿进步，家长就会对老师的工作多一点儿理解和支持。

　　时光不会停下脚步，我愿尽我所能，做一棵树，和学生站在一起；做一朵云，一朵和学生紧紧依偎的云，与学生互相影响，互相进步！

一套失而复得的资料书

河南省洛阳市伊川实验高中　冯爱霞

今天第一节晚自习下课，波波来办公室找我，很难为情地说："老师，我高一时非常珍爱的一套资料书丢了，但是刚才在朵朵的书桌里找到了。我不知道应该怎么办，我想让她赔我钱，那一套资料书100多块钱呢！但是我不知道怎么说，请您帮帮我。"

我把朵朵叫到办公室后，向她说了这件事："朵朵，你是卫生委员，最重要的班委成员之一，任劳任怨。老师有件事想请你帮忙出出主意，事情是这样的：你在整理考场的时候，发现了别人落下的书，自己留下用了，人家又能证明那是人家的书。如果真的有这种情况发生的话，你是否愿意补偿人家一部分钱？"

朵朵听了非常激动，大声地保证说："老师，绝对不会有这种情况出现，我不会拿别人的东西的！"

我让她在办公室等着，自己到教室里，让波波同学和我一起在朵朵同学的书桌里找到了那三本书。接着，我把她们两个人叫到书吧，耐心地听了双方的解释。原来是波波把书放在了楼梯间的书吧，朵朵在听从年级主任的安排，清理书籍时，感觉这套书籍很有价值，扔掉太可惜了，就拿过去自己用了。但实际上也是束之高阁，她也没怎么用过。

我首先对波波说："这件事上你的错误就在于把自己的书籍放在了楼梯间的书吧，该拿回教室的时候没有拿回去，在公众场合把自己的东西丢了，又没有及时向老师报告。现在你们两个又是同班同学，人家也是在听从年级主任的安排，清理书吧的时候发现了这套书籍，感觉扔了可惜才拿走的。她的错就在于她不该拿别人的东西。就算没有用的资料书，也应该得到老师的允许。另外，资料书上有名字，她应该根据名字找到你，把书还给你。可实际上，她不知道这本书上有你的名字，因为你的名字写在扉页的角落，还包了一层。所以这件事情你们两个人都没有错，也都有错。

你们现在是同班同学，高三可能也是，大学可能还是一个学校。你们自己想想，商量一下应该怎样处理这件事情。"

她们两个各自思考了一会儿。波波表示，她的妈妈已经买了一套新的书给她了，这一套书就给朵朵用吧。朵朵说，虽然她不知道上面有名字，但既然这本书在她的书桌里放了这么久，耽误波波同学用了，她愿意按全价把书款赔给波波同学。

听她们这样说后，我告诉朵朵，再买资料的时候，记得给波波带一本就行了，或者满足波波的一个小心愿。朵朵说应该的，一定会的。

最后，我告诉两位同学，这件事情除了咱们三个人外，尽量不要让别人知道。朵朵眼睛里有了光芒，波波也满脸笑容地说那是肯定的。说完，两个人很高兴地回教室了。

写给美绘六班的孩子们

河南省洛阳市第一职业高中　李阳阳

亲爱的孩子：

你好！

我想此时你可能有一点儿失落，老师也感觉很遗憾。

我想给你讲讲我的故事。

从小我就是那个"别人家的孩子"，学习不错。直到初二下半学期，我好像打开了潘多拉的盒子，特别喜欢交朋友，希望每天都能"呼朋唤友，彰显江湖义气"。这导致我花费了大量精力去揣摩人心，上课走神儿，我还因为朋友的误解暗自神伤，不能专心听课，结果就是学习成绩直线下降，被老师频频约谈。我清楚地记得政治老师说："你怎么回事？原来上课特别认真，现在经常走神儿！你要注意！"老师强调的都是要好好学习，我清楚地记得当时的感觉，老师根本不懂我！她不懂我多痛苦！问题没有得到解决，情况自然不会好转。自己能意识到自己有问题，但是根本没有解决问题的能力，我就那样浑浑噩噩到了初三。那一年的每天晚上我都会做噩梦，梦到没考上一中（县里最好的高中）。我每天都在恐惧中醒来，在泪水中醒来……可是中考临近，已经无力回天！

中考结束后我选择了复读，看着我从小名列前茅到中考落榜，家人对我很失望，平时对我疼爱有加的爸妈、哥哥，现在也对我冷眼相待。我必须证明自己！每次上课困了，我都会站起来听课，每一天都过得很充实。虽然有点儿累，但是连毛孔都是快乐的！除了家人我不在乎任何人对我的看法，也不再执着于交朋友。因为自己不够优秀，我在高三时结交的所谓的"朋友"令我失望。而在复读的一年里，我结识了一位一直到现在关系还是很好的闺蜜，她说她很欣赏我的努力。

现在回看那个年纪的自己，我很想抱抱她。如果父母能够多给她一点儿陪伴，如果他们能多给她几个拥抱，我想她能更好地度过那个"难关"。也许是生活的折磨让他们无暇顾及孩子的感受,他们每日为了生计所受的累让我无法埋怨他们。那时候我想的是,等我"有出息"了就拼命对他们好,给他们很多很多的爱,让他们愧疚没有给我更多的爱！但事实上,因为工作地远离家乡,我没有做到这些。父母渐渐老去,而我却不能在他们需要我的时候陪伴在他们身边……也许你现在对父母的喋喋不休厌烦不已,但是我相信以后能陪伴在父母身边的同学不多,你现在的每一次"咆哮"和用力锁上的房门都可能会成为无法弥补的遗憾！我们对父母的爱几乎很难超越父母给我们的爱。

第二年中招揭榜那天我没吃早饭,早早地去了学校。等回到家,没人理我,大哥问了一句:咋样？语气里面还残留着惯性失望。我只淡淡地说了一句:考上了。全家人都不可思议地看着我:考上了？！全家人都笑开了花！（当时在内黄县考上一中就表示一只脚已经进入大学的门了）一股暖流在心中涌动,我终于让最亲的人以我为骄傲了！

可能你没有得到你想要的父母的回应,也许是他们被生活所累,也许是……也许就是他们的失职,可我们不能再让自己变成和他们一样的"糟糕的父母",这就是我们学习的意义:不仅仅是为了考一个好分数,更是为了未来能成为一个自己欣赏的人,成为一个能够踏踏实实做自己、温暖他人的人！就像你们在运动会上的奋力拼搏,就像你们面对别人的嘲讽却能真诚地为对方送上一句:"兄弟,加油！"

谢谢你们,美绘六班的孩儿们！加油,你们的明天会更好！

爱你们的班主任
2021 年 4 月

致我爱的每一个孩子

河南省洛阳市第一职业高中　李阳阳

2020届美绘六班的宝儿们：

大家好！

寒来暑往，我们竟已彼此陪伴一年有余。我在高一那个炎炎夏日与你们相遇，看着你们在烈日下不顾身上的晒伤努力坚持，看着你们站在领奖台上时灿烂的笑容，看着你们在篮球场上不顾实力悬殊努力拼搏，看着你们在田径场上的全速奔跑，看着你们在沙坑里奋力一跃，看着你们晨读时的认真与投入……

看着你们从稚嫩走向成熟，从怯懦走向勇敢，从逃避问题到学会勇于承担。就像看着自己养的小鸭子慢慢生出了羽翼，而我这个小鸭子饲养员坚信每一只小鸭子都会蜕变成天鹅，都能飞向更高更远的天空。就像每一朵花绽放的时间都不一样，每一只小鸭子生出羽翼的时间也不同，我想我有足够的耐心陪伴、等待每只小鸭子羽翼渐丰！

来，看看我的"小鸭子们"吧！

慧婷：从入学到现在从来没让老师操过心，这是何等的自律啊！

董洁：作为六班的"账房先生"，一丝不苟，认真负责！

学桐：非常负责任的历史课代表！历史老师赞赏有加！

欣悦：老师的好帮手，为了班级更好地发展，付出了很多，独自承担了很多！

思佳：自律性极强，令人省心的宝儿！

名扬：你已经找到了新的自己，真让人期待！另外，口号喊得很棒！

文豪：还没长大的小男孩，老师在等待！

萌萌：照顾好自己！

兴宜：从高一到现在成长了很多哦！越来越自律！也学会了理解和尊重！

第四章　教育故事随笔

嫣然：贴心细心，极度自律！

真真：愿你通过努力打开自己的动漫世界！

嘉琪：英姿飒爽，巾帼女子不输男！总感觉你的潜力还没有被充分挖掘出来，加油！

陆影：充满责任感又能第一时间从大局出发！

亦涵：总是能够理解别人的善良女孩！

菲凡：才艺多多又内敛！

军妍：安静踏实，懂事乖巧！再多用心，你会看到一个不一样的自己！

璐瑶：每次搬书搬水，一马当先，比起男生一点儿也不弱！老师对你的心理成长充满期待！

英菲：别看个子大，内心很柔软。可是出了"咱家"门，真怕你受"欺负"，努力强大起来吧！

文博：积极乐观，活泼开朗，期待着你从小男孩儿成长为男子汉！

亮亮：身兼多职的你已经做得很好了，但我相信你还能做得更好！期待你的觉醒！

铭铭：心灵手巧的姑娘，加油！

盼歌：相信你这个学期已经遇见了更好的自己！

王冲：热爱集体活动，你是否还记得我们聊天的内容？"做"在"想"前面，相信你一定能遇见更好的自己！

麦娇：你仿佛比同龄人成长更快，也越来越踏实，加油！

王妍：一年多的时间里见证了你从坚硬又脆弱到柔和有韧性，你笑起来真好看！

奕淇：你是那么善良，总能从别人的角度出发，能有你这样的朋友，一定是很温暖的！虽然偶尔还有点儿控制不住情绪，但是老师知道你已经做了很多努力，加油！一定会越来越好！

露芳：做事认真，为人善良，真是了不起！

俊毅：热爱集体，乐于助人，就像是一朵向日葵，无论何时都能带来希望和美好！

涵迪：表演天赋很高，六班的"奥斯卡小金人"非你莫属！记得学会照顾自己，身体强健才能在更大的舞台上展现自己！

欣锋：这个学期成长了不少，学习能力明显提高，责任意识也在增强！学习也更认真了！加油！

依婷：善解人意，思辨能力强，总能在最短的时间内理性思考！这是学习能力强的体现！加油！

彦林：仿佛一匹黑马，从高一的迷迷糊糊到现在的默默努力，老师很看好你哦！

浩翔：从迷茫失意到眼里充满希冀，老师真为你开心！也一直等着更好的你！

琳沛：安静沉稳，踏实努力，做事认真，坚持原则，继续加油！

赛雅：无论是作业上还是纪律上，进步都很明显！每次我们聊天时你还是会有意无意地想降低对自己的要求，难道你自己没有发现即使不降低要求你也真的能做到？相信自己，要敢于对自己"下狠手"！

艺继：你妈妈说你能体谅她的辛苦时，脸上总是带着笑容，对于自己想做的事，真的有惊人的自制力！期待着你在学习生活上的醒悟！

玉晴：内心住着一个小公主，老师期待你成长为一个坚韧果敢、有着高尚品质的真正的公主！

梦雨：比大多数的同龄人都要独立，从有点儿小敏感、小脆弱变得坚强有韧性，你会越来越好，加油！

怡涵：活泼开朗，关心集体，这次的班级生日会中最操心的人！相信我们下一次会更好！

田静：踏实本分，热爱劳动，热爱集体，据说你总是第一个到位打扫卫生的人！还有，和你这样爱分享零食的人做室友一定很幸福吧！

钰菲：默默为班级做了大量的工作，在家里能够体谅父母，很懂事，但我觉得你还能更好，你觉得呢？

又严：一年多来整个人变得开朗了一些，这个学期的学习状态也有明显进步，一定要坚持到底！

芮奇：你在生活中的自理能力在所有同龄人中都是数得着的，期待你能够不断突破，不停进步！

什么是爱？是无论何时何事都顺从和支持吗？我想大多数同学都能理智地回答这个问题。但是我想请大家想一想，当老师和家长指出你的问题时，你的反应是什么？有的同学已经羞红了脸，有的同学已经悄悄低下了头。我们都明白真正的爱不是溺爱，但常常还是很难直面真实的自己。就算现在我们还不能做到遇到事情时直面真实的自己，但我们能不能试着先不要争辩，而是反思自己的行为？

也许有些家长表达爱的方式有一些问题，如过于唠叨、不会倾听，过于强势、从来不接受你的任何观点，自身的习惯不好却要求你更好……那遇到这种情况我们应该怎么办呢？一般情况下，大多数人会选择"对着干"或者"冷战"。但无论是"对着干"还是"冷战"，我们都可以预见其结果——两败俱伤！那么还有什么更好的方法呢？（大家发表观点）怎样的沟通方式更容易被接受呢？（大家思考，发表观点）那就是从对方的角度出发！如果大家能做到这一步，说明你已经突破重围战胜自己了！人想要战胜自己真的很不容易，所以能做到这一步真的很了不起！允许你为自己小小的骄傲一下！

　　什么人值得被爱呢？（大家思考、发表观点）是的，善良、可爱、努力、勤劳、讲卫生、诚实、守信等等，一切具有美好品质的人都值得被爱！如果把这些美好的品质排个序，大家会把什么排在最前面呢？我认为是诚实！诚实是一切美好品质的基石！诚实是跑操的时候即使没人看也要认认真真跑够五圈！诚实是作业没写完或者抄答案时，能主动向老师承认而不狡辩！诚实是因为自己的不负责任导致集体荣誉受损时的勇于承担！诚实就是直面最真实的自己！说起来很简单，做起来却很难，但是这是成长的必修课，不修好就很难遇见更好的自己！

　　每个人成长的速度都不一样，我愿意陪着你们从日出到日落，从酷暑到寒冬，从懵懂到睿智！等着你们羽翼不断丰满，直到你们能飞向更广阔的天地！

爱你们的班主任

2021 年 11 月 15 日

批评的三重境界

河南省洛阳市宜阳县第一实验高级中学　王姣敏

批评就是批评

"你很聪明，可就是不努力！"

哪位老师没说过这句话呢？最近我就这样批评了班上的小峰。

偶尔在课堂上打盹儿、主观试题只写要点不阐述具体内容、时不时地不交作业……而总成绩却能保持中等偏上水平，他完全可以再努力一点儿、再认真一点儿。所以，我希望这样的批评能像一颗糖衣药丸一样，既能治病又"有点儿甜"。

但事与愿违，小峰没有任何改变。

"小峰，你听说过吗？如果你不聪明，可以用勤奋来弥补；如果你不勤奋，聪明也于事无补！论聪明，你是第一；可论勤奋，你是倒数第一！加把劲儿就能更好的事情为什么不做呢？"我再次在办公室语重心长地对小峰说。

小峰低着头，一句话也不说。

我们僵持着。谁也无法打破沉默。

"老师，我得去上课了。"铃声响起，我无奈地点点头，他迅速跑回了教室。

"老师着急上火，学生心如止水啊！"我气得自嘲。

"王老师，我刚拍了张照片，发你手机上了，角度绝佳，画面特别，赶快看看！"办公室里的张老师说道。

"什么照片呀？"我打开手机，点开照片。

原来是我刚刚批评小峰时，张老师对学生的抓拍。

张老师的座位正好在小峰的左后方，虽然小峰低着头，但张老师还是把小峰的面部表情拍得很清楚。

他嘴角上扬，眼神中有一些不屑，满不在乎之中藏着几分小傲娇。

也就是说，我对小峰的批评，并没有让他感到惭愧，而是让他感到"骄傲"！而他的骄傲来自哪里呢？

我思考许久，才得到答案。

他的骄傲就来自我批评他时说的那句话——"你很聪明"。

想到这里，我忽然意识到一个很严重的问题，"糖衣药丸"式的批评可能会使学生沉醉于甜蜜的"糖衣"中，而吐掉本应服下的"药丸"。

"你很聪明，可就是不努力。"

当听到这句话时，相当一部分孩子会把注意力集中在前半句——"你很聪明"，而忽视了后半句——"你不努力"才是真正的主题。也就是说，我在批评小峰时，已经在无意中为他身上存在的问题找了一块漂亮的"遮羞布"，为他所犯的错误找好了开脱的借口。所以，他还会真的在意自己的"不努力"吗？说不定，在他的心中，还认为"正因为我聪明，所以不必太努力"呢！

所以，批评就是批评，应该直截了当，点明问题，提出要求，不绕弯子。没有糖衣的药丸也许有点苦，但良药虽苦，却能刺激味蕾，发人深省！

批评不是"批评"

批评，作为一种教育手段，班主任几乎每天都在用，但是什么是批评？为什么批评？如何批评？难道瞪着眼，对学生说上几句刺耳的话就是"批评"了？难道居高临下地喊出惩罚措施就是"批评"了？

都说"教学有法，教无定法"，所以我们也可以说："批评有法，但无定法。"无论是暴风骤雨还是春风化雨，无论是直截了当还是曲径通幽，可以确定的是，"批"是以"评"为标准的，校规是我们"评"的标准，是我们的尺子。从这个角度来理解"为什么批评"就很容易了。

批评没有定法，那么批评需要遵循哪些原则呢？

首先，必须有理。而要做到这一点，就必须遵循一个大前提，那就是"实事求是"。在批评之前，一定要深入调查，多方打探，弄清事情原委，多角度思考，切不可偏听偏信，或"不分青红皂白，各打五十大板"。

其次，要有情。虽然是批评，但也要让学生感受到老师的用心良苦，让学生清楚地知道，批评他是因为他的言行不对，而不是老师不喜欢他。

根据教育实践来看，只要是文明、公正、客观的批评，即便学生当时有抵触情绪，但当其冷静下来之后，还是能够分清利弊得失的。在批评之后，班主任如果能够及时跟进，对其进步予以肯定或表扬，或是给他创设一些展示自己的爱好的机会，让批评于无形之中保持最佳的温度，持续释放效力。

再次，要有度。心理学上有一个"超限效应"，说的是刺激过多、过强或作用时间过久，从而引起的内心极不耐烦或逆反的心理现象。所以，我们切不可抓住学生的一个问题或是错误喋喋不休、上纲上线……这种重复输出的批评，会使学生从最初的内心愧疚变成不耐烦，并产生逆反心理。有效的批评可以是激烈的，但绝不能是没完没了的。

最后，要有韧性。"冰冻三尺，非一日之寒"，所以问题的解决不是一朝一夕就能完成的。现实中的很多问题，仅靠一两次批评是根本解决不了的。这就需要我们用爱心去坚守，细心观察，耐心等待。就现实来看，这一点其实是最难的，也是最考验教育初心的。

"批评"还是批评

正如我第一次记叙这个事例中说到的"批评就是批评"，直截了当、点明问题、指出后果、提出要求……"大道至简"。

当然，我们也不能认为这样的批评就能够达到立竿见影的效果，这是不切实际的。

我曾经听一位班主任说，她班上的一个男生早读总是迟到，说也说了，罚也罚了，和家长也交流了，可他还是迟到。之后班主任发现，这个迟到的男生总是不吃早餐。因为早读迟到被罚站，所以他总是利用吃早餐的时间在教室补觉。于是班主任每天都从餐厅给这个男生带饭。就这样持续了三周多。按照一个成功的德育案例发展下去，接下来这个男生是不是深受感动，不再迟到呢？可事实上，他吃了老师带的早餐后，依然迟到。

或许我们的批评也时常面对这样的窘境。但为人师者不得不承认，我们能做到的只是"有时治愈，常常帮助，总是安慰"，所以不必纠结，真诚地指出问题并提出要求吧！也许孩子们会一次又一次地"旧病复发"，但该批评时必须批评。毕竟，那是每朵花绽放前必经的风吹雨打。

一样的爱，不一样的体验

河南省洛阳市宜阳县第一实验高级中学　王姣敏

我今天送孩子去古筝班时，在电梯里偶遇一对正在冷战的母子。好像是母亲要带孩子和一位"叔叔"一起吃饭，但这位"叔叔"已经不再是孩子想象中的叔叔，两人吵了几句，就不再说话了。孩子走出电梯时，还生气地喊道："别再叫我见他！"母亲在电梯里无助地抽泣着。

我尴尬又无奈。

在等待孩子放学的时候，我想起寒假期间看过的两部有关亲子关系的电影。一样的爱，相似的谎言，却有不一样的体验。

第一部电影是《发财日记》，第二部电影是《你好，李焕英》。两部电影都涉及亲子关系，都是以笑中带泪的方式，表达亲情的无价。

在《发财日记》中，小宝跟着二哥到深圳打拼，谁知天降萌娃，小宝意外当爹，于是开始了单亲爸爸赚钱养娃的苦中作乐的生活。小天意（萌娃的名字）逐渐长大，并对"谁是妈妈"这个问题充满疑问，小宝请马露帮忙，以妈妈的口吻给孩子写信，暂时解决了问题。为了赚更多的钱，宋小宝决定让孩子住校。孩子苦苦哀求不住校，但爸爸简单抚慰后，还是坚持让孩子住校。半夜孩子醒来，看到爸爸和阿姨谋划着什么（其实是在签工作合同），误认为是爸爸要过自己的生活，想把他送走。而后，孩子与他的隔阂越来越深，甚至对曾一直给他写信的阿姨都充满敌意，还撕毁了"妈妈"的来信，最后他成了一个离家出走、外出躲债的"问题少年"。

小宝虽然是养父，但善良的他对天意的爱是如此真挚、朴实，他希望孩子能一直生活在"妈妈的来信"中，一直生活在他为孩子编织的一个个谎言中。但随着孩子年龄的增长，随着他对真相的疑惑和探索，随着父亲和假母亲的谎言一点点不攻自破……在小天意的世界里，童年的美好不过是谎言的泡沫，而自己不过是个想要抓住泡泡的傻瓜。尽管物质生活在父亲的努力下变好，但他的精神世界却陷入混乱和迷茫。如果用峰终效应来解释，那么幸福童年的高峰结束于分离、痛苦但又无法诉说中。

而在《你好，李焕英》中，尽管母亲也"欺骗"了孩子（李焕英其实也穿越了，她所做的一切都是在帮助女儿了结心愿），但李焕英的谎言给了女儿一个美好到极致的情感体验，帮女儿了结尽孝的心愿，让女儿不留遗憾。如果用峰终效应来解释，那么情感体验的高峰终结于感恩、团聚与幸福。

一样的爱，却有不一样的体验。

我还想说说小宝式的"爱"。

网上有句很俗的话，"我若抱你，如何养你；我若养你，如何抱你。"仿佛工作和家庭永远无法兼顾，仿佛富裕的物质生活与温馨的陪伴永远是矛盾的。钱，确实很重要，但是来自家庭的情感呵护才是幸福感的来源。

就像曹文轩在《青铜葵花》中所说的，面对经济实力悬殊的两个收养家庭，葵花选择了大麦地最贫穷的青铜家，因为真正的爱会让一切财富黯然失色。这就是为什么小宝给天意的爱引起了巨大的误解，而李焕英给女儿的爱却带来了感动和幸福的原因。因为对于孩子而言，真正的爱是彼此成全，是心与心紧紧相依，是生死不离，而不是物质衡量下的"不得不"。

困难是生活的常态。

在贫困荒芜的岁月里，困难的生活像一把锤子，一下一下敲打着人们的身体和心灵。究竟需要有怎样健壮的身躯和坚强的心灵，才能够对抗这巨大的力量？

答案是爱。

对家人的爱，对朋友的爱，对工作的爱，对生活的熊熊燃烧的热爱……

唯有爱是对所有苦难生活的超越，一间相亲相爱的小屋，一盏不离不弃的灯火，能给最粗粝的生活披上最美丽的外衣，能传递给孩子最强大的力量。

由孩子们的"慢回复"引发的教育思考

河南省洛阳市第十五中学　李芳芳

"今天是放假的第一天，建议同学们先写完各科作业再安排其他事项。记录好每天的时间安排和执行情况表，提高自制力和执行力，加油！"

早上 6 点 10 分，我进入班级群，发了以上信息，提醒孩子们不要太放纵自己。

"寒假学习时间安排表已经发给我的同学，在群里报一下。"

6 点 37 分，我在班级群里又发了一条信息，等了好久也没等来学生的回复。吃完饭，收拾好了家务，到 8 点 17 分才有两位同学在群里回复了"已发"。有点小小的失落和生气，孩子们都还没起床吗？没有了上课点名，孩子们就都放纵自己了吗？

也许，孩子们另有隐情。我试着调整情绪，把注意力转到李政涛写的《教育常识》上。教育的任务，首先是发现并且满足儿童的成长需要。我们在儿童成长过程中发现了许多"问题"，其实不是"问题"，而是"现象"，是成长需要的一种具体诉求……这些现象不是需要我们制止的"洪水猛兽"，而是"成长的正常现象"，受到"成长需要"的支配，需要我们去发现、理解、尊重，并尽力满足。

我试着用书中的观点这样解释：孩子们不及时回复信息，不是"问题"而是"现象"，是成长需要的一种具体诉求。站在孩子们的角度思考：经过为期 5 天的网课和每天满满当当的作业安排，孩子们肯定是累坏了，单就整天对着电子屏幕听课来说，孩子们的眼睛就受不了；爱玩是孩子们的天性，部分孩子上网课是"被迫学习"，多多少少会有点儿负面情绪。好不容易网课结束了，他们能不像"脱缰的野马"想干吗就干吗吗？总之，我理解孩子们此时的"成长需要"是想放松一下疲惫的身心。我大清早就发微信，实在是"打扰了他们的美梦"，不是自找不痛快吗？据我了解，有些孩子的确有早起的习惯，但他们不习惯看微信，他们有什么错呢？少玩电子产品不是我们倡导的吗？

　　每个人的生命都是独特的，试着分析一下我当时的"小小失落和生气"，我是不是没有做到尊重个体的差异性呢？每个孩子有每个孩子的生活习惯，我并没有做到"一把钥匙只开一把锁"。究其根源，是"教师角色带来的天然的优越感"在作怪，令我把自己的生活方式强加给了学生。

　　就像《教育常识》这本书中提到的那样，"教育不是替代学生选择、替代学生思考，而是赋予学生选择和思考的能力。"写完感悟，回头看微信，已有不少孩子回复了；家校群里，还有潘老师发来的微信——"表扬李恩奇、杨芳玥两位学生完成了今天的数学作业，我已经批改，都是优秀的作业。"

　　看来，孩子们是能够安排好自己的假期生活的。作为他们的班主任，我只需要进行必要的提醒，时不时地问一下他们阶段性的情况，给他们适当的鼓励；看到有关成长的故事和有益的节目时推荐给他们，相信孩子们会慢慢成长起来的。

换你心，为我心，始知误会深

河南省洛阳市第九中学　　高单单

研究表明，在学校教育中，有70%的错误是由师生缺乏有效沟通造成的。

尤其是在中学教育阶段，师生关系将直接影响学生的身心健康和学习效率。而沟通作为一种重要的交往和管理手段，不仅能消除师生之间的隔阂与对峙，更能帮助师生建立互信桥梁，实现以学生为主体的教育目标。所以，在师生沟通中我们要努力做到以下几个方面：

1. 换位思考，学会理解学生

实践证明，良好的师生沟通对于教师的教学工作十分重要。但良好沟通的前提是教师要明确自己在沟通中的地位，以及师生沟通所要达到的预期与目标。在沟通过程中，教师要将自己放在一个与学生对等而非对立的位置上，要以符合学生认知实际的标准去要求他们，既不要把他们看作冥顽不灵的孩童，也不要把他们视作成熟睿智的成年人，一切要以学生的认知实际为出发点。

在师生沟通中，大多数的教师习惯用审视的目光看着学生，用不信任或者怀疑的语气问学生，而学生则竭力回避教师的目光，如穿越雷区般小心翼翼地回答教师的问题；还有一些教师在沟通时对学生不闻不问，自我陶醉在滔滔不绝的道理中……由于师生之间存在距离，即使教师再怎样循循善诱地引入话题，学生也不敢再说话。所以，教师在与学生进行沟通时，一定要坚守师生平等的前提，以一个对话者的身份去对待学生。

同时，在沟通时，教师要学会换位思考，尊重每个学生的个体差异，设身处地地站在学生的立场上思考问题，用同情心去唤醒学生的自信心和自尊心，帮助他们解决在学习和生活中遇到的问题与矛盾。尤其是遇到学生不服管教、顶撞自己时，更应以宽容的心态对待每一个学生，深入他们的内心世界，准确把握学生的心理与情感状态，努力进行心灵的沟通，最终才能收到良好的教学效果。

2. 懂得倾听，学会尊重学生

美国人际关系学家卡耐基说过："如果希望成为一个善于沟通的人，那就先做一个善于倾听的人。"因此，在师生沟通中，教师要努力扮演好倾听者的角色。只有乐于倾听、善于倾听的教师，才能取得学生的信任。沟通是一个双向互动、共同参与的动态活动，教师对学生的倾听是实现师生沟通的前提。

在沟通过程中，有的教师往往过分强调"教师说"，而忽略了"听学生说"。当师生沟通变成了教师一个人自说自话的独角戏时，所谓师生沟通也就彻底失去了意义。所以，教师要学会聆听学生内心的声音，掌握学生的情绪变化。这不仅是教师认识学生、接纳学生的开端，也是教师了解学生、构建并维护良好师生关系的重要方式。

因此，来自教师的有效倾听，不仅能让学生感觉到认可与尊重，更能激起学生想要和教师进行沟通的欲望。而教师只有成为学生的忠实听众，才能发现他们在学习与生活中遇到的真实困惑和疑虑，才能让师生沟通更具针对性。

3. 善于反省，学会包容学生

苏联教育家苏霍姆林斯基曾经说过："有时候宽容引起的道德震动比惩罚更强烈"。在师生沟通的过程中，教师要学会宽容，给学生自我成长和自我实现的机会。

通常情况下，绝大多数的教师都希望在师生沟通时能形成一种互相信任的氛围，因为在这种氛围下师生沟通的效率最高。建立这种互信关系的前提是教师对学生的信任与包容。孔子在《论语·学而》篇中说道："吾日三省吾身：为人谋而不忠乎？与朋友交而不信乎？传不习乎？"教师也要善于反省，要勇于进行自我批评，反省自身在师生沟通中的缺点与不足，不摆教师的架子，在学生表达意见和心声时，要懂得包容。同时，人无完人，由于教师的原因导致师生沟通不畅的时候，教师要勇于反省，敢于承担，不推诿，不回避，要以身作则。

总之，教师作为教育者，不仅要指导学生学习专业知识，更要以朋友的姿态与学生进行交流，学会理解，学会尊重，学会包容，才能真正实现教育的目的。

春分，泥土话劳动教育

河南省洛阳市第九中学　张佰征

春分日，飞燕呢喃时。驻足公园，望着一抹抹青色，一簇簇花朵，美丽的春色真是好不喜人。

曾几何时，脚下的公园只是城市开发时留下的一片荒芜土坡，长着杂草、野菜。记得母亲还曾来这里挖过野菜，蒸了吃。母亲跟泥土打了一辈子交道，就像费孝通先生在《乡土中国》写的那样："靠种地谋生的人才明白泥土的可贵。"她亲近泥土，也热爱土地。

我坐下来不断搜寻自己关于这个时节的记忆，怕是很小的时候的事情了，母亲会把黄瓜籽放在香炉里，用温湿的棉纱包住它，让它生长发芽，然后移栽到菜园里。那时候好像每家每户都有一个菜园，我记得我当时做的最多的事情就是为那一垄垄黄瓜苗浇点儿水。记得再晚一点儿的时候，我会跟小伙伴儿一块到地里去挖一种叫馍馍柳的野菜，让母亲蒸着吃。再大一些的时候，多半是在学校里读书。周末放假了，和小伙伴们一块儿放放羊，在地里玩耍玩耍。即使多年以后，和泥土的亲近，仍一直留在我心间。

在泥土中的成长，让我联想到了当下的劳动教育。我国的劳动教育工作经历了广泛探索、顶层设计到现在的大力推广，我觉得对于劳动教育而言，泥土或土地是最基本也是非常重要的要素。在劳动教育实践中，我们首先应该让孩子们走进土地，亲近泥土；因为乡土性本就是几千年来我国社会的一个特点，也是中华民族发展的一个显性印记。而且孩子们从小就喜欢在泥土中玩耍，"小泥人儿""灰头土脸"等并不全是贬义，其中充满了土地和泥土的气息。其次，我们应当让学生明白泥土对我们生活的意义。就像即便是在狭小的阳台，我们偶尔也会种些蒜苗、小青菜等。即使是种些花草，也能让我们的生活充满色彩和生机。还有一点，我们应该注重在泥土中提升我们的最基本的生产生活技能。农业生产技能是生活中最基础的技能，而且并不复杂。它不仅能提高我们的身体素质，还能筑牢我们的劳动意识，并为今后更好地工作、生活打下坚实的基础。

劳动最伟大，也最荣耀！不管风云如何变幻，一个懂得劳动、热爱劳动的人，都能立于天地之间！一个重视劳动、肯奋斗的民族，永远都能屹立于世界民族之林！

（本文系《洛阳晚报》发表作品）

追忆春游往事，闲谈劳动教育

河南省洛阳市第九中学　张佰征

今天难得清闲，我准备去超市买点儿东西。本想烧个茄子，结果在菜架上瞥见几分青色。走近一看，竟是馍馍柳（一种野菜），我喜不自禁地买回家准备蒸着吃。

经过简单收拾，馍馍柳已入我口。味道还似当年，一番思绪忽上心头，脑海里模糊地呈现着二十多年前的那段光景，最为清晰的就是春游。

我记得那是四年级的一个春天，阳光明媚，风和日丽，我们春游的目标是"出省旅游"。那时候的我还不会骑自行车，所以记得特别清楚。我把自行车推到学校，让一个没自行车的同学载着我。由于无法在全体同学面前表现"潇洒骑一回"的"帅气"，当时的我十分懊恼。后来我下定决心，一定要学会骑二八大杠（20世纪60到70年代流行的自行车款式）。"功夫不负有心人"，我终于在五年级时学会了。

我们一路骑行，很快到了鲁豫省界，站在金堤河畔，听班主任孙老师为我们讲解金堤河的故事。具体内容已记不清，只隐约记得，金堤是防御黄河水患的最后一道堤坝。金堤南岸是泄洪区，说黄河水一旦向北漫过金堤，将直接淹到济南城。小时候哪里懂得什么是泄洪区，就连济南城也只是听说而已。后来，大约十年前，我跟随父亲去金堤防洪，看到平日里的良田已是汪洋一片；高大的杨树，已被淹没得只剩下个树尖，才明白泄洪区的贡献和水患的危害。所以在加固堤坝的时候，我分外卖力。

在金堤河畔短暂休息后，我们一路南下，从山东跨省来到河南省一个叫"江楼"的小村庄，这是我们此行的目的地。而我们的任务是去孙老师家麦地里拔野菜、野草。拔得最快的是一名岳姓同学，因为他根本分不清哪棵是野草、哪棵是麦苗，他觉得都挺像。孙老师只好把课开在田间地头儿，给我们讲杂草是什么样的，能吃的野菜又是什么样的，好像还讲了她小时候吃野菜的故事，但我记不清了。我隐约记得，自那以后，我真的把馍馍柳和麦苗分开了。那天我们顶着太阳，干了两个多小时，腿都有些麻木了，但无论是男生还是女生都没有人抱怨。

多年以后，我在饭店里吃饭，又偶遇岳同学，他正在给店家搬送啤酒。我走上前去，半开玩笑地说道，你这身价几百万的大老板，怎么还亲自搬呢？他回答得很干脆：劳动最光荣嘛！

我又想起几年前的一次新生秋季开学大扫除，我们班的任务是清理一片杂草。我满怀信心地想着个把钟头完事，结果我发现，即便我亲自上阵，能和我一起干的同学也并不多；即便后来我又找来了手套、铁锹等工具，还是有部分同学只是象征性地干一下，所以那天一直干到傍晚。当时我挺受伤的。

追忆这些往事，想想现在很多孩子"电子设备不离手，网红游戏伴着走；理想只是一天过，劳动经历何曾有"。我觉得这两年国家一直强调劳动教育，就我个人而言，觉得很有意义，也希望学生们能够热爱劳动，从劳动中学到更多的知识。

面带微笑，春暖花开

河南省洛阳市孟津区麻屯镇中心小学　　刘萌

从教十几年来，我一直信奉的理念就是"严师出高徒"。虽没有出现什么"高徒"，但我的班级一直是纪律严明的，调皮捣蛋的家伙是不敢随意造次的。当我的身影出现在教室门口，吵吵闹闹的教室立刻鸦雀无声；当我走上讲台，学生一个个正襟危坐。我一直暗自窃喜：看，我们班的课堂纪律多好。课堂上往往是我一人独唱，六十人静听，偶尔泛起几朵"浪花"。我也一直认为这就是我的"理想课堂"。

可是，沉闷的课堂，学生畏畏缩缩地回答，下课后敬而远之地逃离，让我陷入了沉思……这是我的"理想课堂"吗？

阅读学习、观摩交流，我开始反思如何构建我的理想课堂，我开始思考如何对待每一个含苞欲放的蓓蕾……

原来理想的课堂不是教师"满堂灌"，不只需要个别尖子生的参与，在理想的课堂上，学生不会如履薄冰、战战兢兢。我的课堂少了轻松，少了幽默，少了欢声笑语，少了神采飞扬。

理想的课堂讲求参与度，要求学生做到全员参与，全程参与，有效参与；讲求亲和度，师生之间应该有愉快的情感沟通与智慧交流，课堂是愉悦的、欢乐的和合作的；讲求自由度，整个课堂充满着自由轻松的氛围；还讲求整合度、练习度、延展度……

大师的话犹如醍醐灌顶，原来我离理想的课堂还很远很远，怎么办？就从"亲和度"开始改变吧。

一次，我刚走到教室门口，就见一个大纸团赫然"躺在地上"，同学们进进出出，熟视无睹；搁在平时，"谁扔的？""组长是谁？""监督员怎么不知道捡起来？"这一声声责令我会脱口而出。然而这一次，我没有说话，而是亲自捡起纸团，并扔进垃圾桶。

"少说多做，嘴角扬起，尝试带着微笑走进教室。"我暗暗告诉自己。

上课铃声响起，我的脸上已挂起了十二分的笑意。我站在教室门口，学生们齐刷刷地看向我，并报以我微笑；站在讲台上，我用含笑的目光扫视一遍学生，向学生问好。奇怪啊！每天不以批评开场，这种感觉真好。我发现当我微笑时，学生的眼睛是亮的，学生的神情是自信的，整个课堂是灵动的，学习的效率是高效的。原来，稍微改变一点儿，教室里就会"阳光明媚，春意盎然"。

课后，有个孩子还悄悄对我说："老师，我希望你每天都能笑着走进教室给我们上课，那样我们就可以少挨训了。"孩子纯真的话语让我反思——我确实应该多对孩子们笑笑了！

带着微笑走进课堂；当学生成绩进步时，我用微笑为他们喝彩；当学生遇到挫折时，我用微笑给他们安慰；当学生违纪犯错时，我也用微笑着帮他们改正……

今后，每次走进教室之前，我都要在整理衣装的同时调节好自己的情绪，面带微笑，让我的课堂氛围轻松起来！

那个听话的小暖男哪里去了?

河南省洛阳市东升第三中学　　卫婴婴

情境再现:"老师,我都快被孩子逼疯了!"家长非常焦躁,"孩子不会合理分配时间,我帮他列了任务清单,但催了半天他都不动笔,作业还得第二天一大早喊他起来补,几个单词都记不住……"

"换着花样激励,昨天是秋天的第一杯奶茶,今天是我俩比赛做题背单词,后天呢,什么法儿都没有用……"

那个帮妈妈做家务、学习上听话懂事的"小暖男"哪里去了?问及孩子关于目标的想法,他眼神里满是迷茫,那个眼睛里闪着光的孩子哪里去了?我想到了孩子的内心独白:我不知道想要什么,妈妈让我做什么我就做什么。

"我爱学习,学习使我妈快乐,我妈快乐,全家都快乐!"七年级之前在妈妈的呵护下,不少孩子还能积极完成学习任务;到了八年级,随着自主意识的觉醒,学习难度的提升,作业往往变成了妈妈们焦虑的导火索,一点即燃。孩子呢?任凭妈妈使出浑身解数,仍"岿然不动",不配合。妈妈们全身心地照顾孩子的生活和学习,对孩子进行细致入微的全方位管理,过多的把控使孩子缺少参与感,缺少内驱力。《自驱型成长》一书中说:"所有父母都希望自己的孩子能够取得成功,唯有孩子的自主动机,才能使这种愿望成为可能。"如何增加孩子的内驱力呢?

知识链接:了解我们的大脑可能会为我们的教育打开理性和理解的一扇窗。人类的所有行为、情绪的产生,都是脑前额皮质与情绪中枢(杏仁核、海马体)等共同做出的决策的反映。前额皮质是发展语言、逻辑和推理能力的部分,情绪中枢(杏仁核、海马体)管理着自主神经系统(内脏、内分泌腺体等),进而管控着人类机体的所有功能。当大脑因外部环境而产生消极情感时,负面的、消极的压力反应会跳过脑前额皮质的监管,脑前额皮质就无法将杏仁核收集并传递的信息,与海马体部位的长期记忆进行有效对比跟分析，无法形成正确的判断。因此，我们对外部环境的反应就会缺乏理智，就不能有效地调节自己的情绪。如果负面感受与消极情绪长期霸占我们的大脑，前额皮质就损失了发育的机会，那么就会导致大脑发生结构化病变与理性、感性功能之间的失衡。结果就是大脑受到损伤，自控力丧失。现在我们就可以很容易地理解，为什么家长越催促孩子，孩子越慢、越学不会了。

支着儿：如何让一个孩子拥有内驱力？就是让他的前额皮质得到充分的发展，给他足够的选择空间，让他有掌控感。家长教育孩子的最重要的工具就是耐心，学会放手，不专制但也不完全地纵容，这会让孩子的大脑进入一个良性的循环。

1. 摆正心态

家长不要唠叨，因为焦虑情绪会传染，会带来慢性压力从而伤害孩子的大脑，使得前额皮质不发育或发育缓慢。家长的责任是给孩子讲清楚不同选择带来的结果，不威胁也不夸大。如果他不想学习，再强迫他也没有用，他会学完就忘。

2. 温和而坚定

让孩子感受家长无条件的爱、关注和支持，家长爱他不是因为他学习好、听家长的话。让孩子相信自己的能力，给孩子心理暗示，帮助孩子建立自信心和安全感。相信孩子，谁都不希望自己的生活与学习一团糟，越是控制和专制，越会出现反抗对立或自暴自弃的问题。

3. 设立边界

设立边界始终是教育的重要组成部分。列举孩子现在能控制的事情，问问孩子还有哪些事情他想自己决定。关于作业，完成学校布置的作业是底线，家长可以在孩子完成作业的基础上适当地、渐进地提高要求；家长暂时不要给孩子布置额外任务，完成作业后到睡觉前的时间让孩子来支配。作业计划让孩子来掌控，如果需要共同制订计划，家长可以多给孩子提供一些选项，而不是直接跟孩子说"我们先做这个，然后做那个"，让孩子自己体会不同选择可能带来的结果。当孩子对什么都提不起兴趣的时候，就多带他去运动吧。运动能促进人体内多巴胺的分泌，多巴胺能让孩子开心，开心才会产生动力。

烹饪教师眼中的教育

河南省洛阳市旅游学校　　韩志润

我教授烹饪课已经 10 年了，也慢慢摸索出了一套属于自己的独特上课方式，美其名曰"好滋味慢时光课堂"。各位读者看到这里应是觉出了几分奇怪之意吧？且听我慢慢道来。

每次上操作课，除了要给学生讲解清楚主料、辅料、做菜流程、营养价值等常规也是必需的内容外，我还会给学生再着重讲一讲菜品的文化与历史。例如，在学习杭州名菜"西湖醋鱼"前，我会播放优美动听的小提琴协奏曲《梁祝》，并且让每一位同学泡一杯甘香如兰的茶，然后告诉他们"西湖醋鱼"又名"宋嫂鱼"。相传，宋代西子湖畔住着以打鱼为生的宋氏兄弟，恶棍赵大官人见宋嫂颇具姿色，便用诡计谋害了她的丈夫，又欲加害其小叔。宋嫂劝小叔外逃，行前用糖醋烧制了一条草鱼，寓意生活甘甜之际勿忘昔日辛酸。后来，做官的小叔偶然吃到了肉质鲜嫩、甜中带酸的醋鱼，便辗转找到隐居的嫂嫂。再后来，"西湖醋鱼"和这个故事一起流传下来，直到今天。这样，学生感受到一盘"醋鱼"竟寓意了五味人生。伴随着优美的旋律与茶香，我带领学生静静地品尝"西湖醋鱼"的酸甜与脆爽，让他们慢慢发现这道菜的别样滋味。最终，通过一节、两节，甚至一个学期的"好滋味慢时光课堂"，不仅能让学生学会几道菜品，更重要的是还能让学生通过菜品及其背后的故事领悟到做人、做事、诗意生活的真谛。

"菜品人生"，人的一生不正像品尝菜品一样吗？只有当我们静下心来仔细品味时才能更好地体验五味人生的苦辣酸甜。可是现代社会车水马龙、步履匆匆，越来越多的人在浮躁中迷失了方向，哪里还有时间重新审视一下自我？教育即生活，生活即教育。生活如此，我们的教育又何尝不是呢？只不过生活需要物质食粮，而教育给予精神食粮罢了……当问及"烤鸭"和"面包"的滋味时，学生却是一脸的茫然了。岂不见每年高考结束，总会有毕业生兴奋地把精神食粮付之一炬并高呼道："解放了！"难道我们的大餐竟是味同嚼蜡？

教育是门科学，有其自身的变化规律和发展周期，断不能想当然地揠苗助长；教育更是一门艺术，不仅要传递给学生书本知识，更要告诉他们人生的价值与理想。做教育就必须弯得下身子，耐得住寂寞，守得住清贫，留得住希望。

教育就像一盘菜，品尝佳肴，即品味人生，让我们一起慢下来，仔细咀嚼人生的滋味吧。品味，让教育更有品位。

下篇 名班主任工作室建设

名班主任工作室实质上是各级教育行政部门以主持人为核心、为区域，班主任搭建的学、研、修的成长平台。主持人要从利于区域班主任发展的高度出发，肩担使命，充分发挥自主性，带领工作室成员，"点燃一间教室，照亮一方天空。"本部分以河南省韩明月名班主任工作室为实例，从工作室建设纪实和成员心语两个方面真实地展示名班主任工作室的日常工作。

第五章　名班主任工作室建设纪实

　　回首耕耘路，洒播田园间。河南省韩明月名班主任工作室自运行以来，一直秉承"点亮心灯，照亮多彩人生"的理念，深耕教育事业，服务于河洛大地，取得了些许成就。作为工作室主持人，我将发展历程制成发展实录，愿为后来人提供一些参考。

河南省韩明月名班主任工作室成员选聘实施方案

　　为全面贯彻党的十九大精神，落实立德树人根本任务，提升我市中小学班主任专业化水平，探索新形势下班主任队伍建设的新途径、新方法，根据《河南省教育厅办公室关于开展河南省名班主任工作室建设的通知》（教办基一〔2018〕220号）和《河南省教育厅关于进一步做好中小学德育工作落实立德树人根本任务的意见》（教基〔2020〕206号）以及《河南省名班主任工作室建设与管理的实施意见（修订稿）》的文件精神，河南省韩明月名班主任工作室特面向全市中小学班主任进行工作室成员选聘：

一、选聘条件

1. 热爱教育事业、师德高尚、乐于奉献、爱岗敬业，有继续提升或发展的愿景，能沉下心来研究班主任工作，能自觉进行学习与实践，一般不超过45岁。

2. 能够创造性开展班集体管理和建设工作，关注每个学生的健康成长，社会信誉度较高。

3. 有一定经验的现任班主任。

4. 荣获省市级优秀班主任称号者优先考虑选聘为核心成员。

二、限制申报、推荐的条件

1. 违规违纪受到处分，处于处分期间或处分未解除。

2. 三年来班级出现重大安全事故的班主任。

三、选聘程序

河南省韩明月名班主任工作室成员选聘采取自下而上、逐级推荐、择优选拔的方式进行，评选程序为：

1. 个人申报。对照选聘条件，个人提出申请，填写《河南省韩明月名班主任工作室人员申报推荐评审表》并附能反映本人学历水平、业务能力、论文论著、教师身份等复印件。

2. 民主测评。学校要采取适当的形式对公示对象进行民主测评并公示测评结果。

3. 学校推荐。学校根据申报对象的业绩条件、师德考评、业务考核及民主测评情况，经班子研究择优确定本校推荐人选并在校公示。

4. 统一评审。在市教育局的领导下成立评审小组，对申报对象进行资格审查及评审，审定后确定考核人选。

5. 考核公示。公示最终选拔出来的工作室成员，接受社会监督。

四、考核

1. 工作室对每个学员进行年终和届满绩效考核，并进行年度评比。

2. 对评比成绩优秀者，给予奖励，并颁发工作室人员荣誉证书。

河南省韩明月名班主任工作室

2020年6月9日

众心如城，走向诗和远方
——选聘会议上的发言

河南省洛阳市第九中学　　韩明月

洛阳，一个古今辉映、被许多人称为诗和远方的地方。我们的工作室扎根于河洛大地，必将实现走向诗和远方的梦想。

各位老师好，我是韩明月，非常欢迎大家的到来。今天到会的老师来自各县（市、区）和市属各学校，可以说是群贤毕至，少长咸集。炎炎夏日，老师们辛苦了！

首先，我来介绍一下河南省名班主任工作室的主要含义和我们工作室的核心理念。河南省教育厅办公室在《关于开展河南省名班主任工作室建设的通知》和《关于开展河南省名班主任工作室实验区建设的通知》中是这样说的：为全面贯彻党的十九大精神和全国、全省教育大会及全国基础教育工作会议精神，落实立德树人根本任务，探索新形势下班主任队伍建设的新途径、新方法，加强班主任队伍建设，优化班主任人才结构，发挥名班主任工作室的引领、辐射作用，提升我省中小学优秀班主任的专业化水平。这里有一个核心关键词：专业。省教育厅开展河南省名班主任工作室建设的要求就是我们要把班主任工作做到像学科教学一样的专业。我们工作室秉承"引领、辐射、发展"的宗旨，面向学生"补足短板，促进成长"，面向班主任"一专多能，共同成长"，实现"点亮心灯，照亮多彩人生"的理念，统筹理论、实践、研究于一体，引领、带动区域班主任开展工作，有效推动名班主任工作室成员的专业成长，力争带出一支优秀的班主任研修队伍，把研究成果作为区域教育发展经验向全市乃至全省推广。

其次，班主任的工作情境非常复杂，班级管理的对象是充满个性差异的学生。班主任要对班级实施有效的管理，不仅需要自身具有人格魅力，以心育心，以德育德，以人格育人格，更需要丰富的实践经验和专业能力。面对新情境、新问题与新挑战，每个班主任都要本着对学生的终身发展负责的态度，尽可能地将问题的负面影响控制到最小，这要求我们透过复杂的问题和现象，学会"专业化地思考和决策"。

专业化之路绝不可能一蹴而就。一个人可以走得很快，但一群人可以走得更远。我们工作室就是要呼朋唤友，结伴同行，引领和带动更多的班主任，在坚持立德树人根本任务培养时代新人的同时，去改变职业体验，去享受职业幸福，这也是我们工作室寻求的"远方"。

再次，设定目标，让我们一起走向"诗和远方"。工作室做了三年规划：第一年，以读书交流活动和班级日常管理为主要抓手，解决我们遇到的实际问题，总结归纳实践经验。希望我们的工作室成员在这一年提升班主任素养，在各自学校起模范带头作用，做好示范引领。第二年，讲好教育故事，做有情怀、有温度的班主任老师。希望我们工作室的成员能够成为洛阳市的骨干班主任，成为市级名班主任工作室主持人，进一步发挥辐射作用。三年后，希望我们能走出洛阳市，在更大的舞台上展现自己。

最后，和大家分享下我的班主任专业成长。我认为除了实践，还有两点：一是阅读写作，二是提高学科专业素养。

阅读和写作，是实现专业成长的天梯，阅读笔记是种很好的形式。把自己在阅读中的思考化为一篇篇文字，写成随笔。进而在实践中做文字记录，记录课堂教学和班级管理中的问题和解决方法，记录学生的日常表现，记录课堂中精彩的插曲、事件等，及时整理归纳。可以说，文字记录的过程就是我们提高专业素养的过程。

学科教学和班级管理从来都是相互影响又彼此促进的。一名学科教师如果懂得班级管理的方法和技巧，其学科教学的成绩和质量一定不会差。同样，一名班主任如果具有广博的专业知识和丰富的学科教学经验，他也一定能在学生中间树立威信，从而更好地促进班级管理工作的开展。

最后，各位老师，根据省教育厅的要求，洛阳市市县两级名班主任工作室很快就会建立起来。届时，对省级工作室的各项要求会更高，希望各位老师珍惜这个平台，发展自己，也带动更多班主任实现专业化成长。

生命的最高境界就是生活在自己的情怀里，就是实现"诗和远方"的梦想。愿我们聚是一把火，散是满天星。星星之火，能成燎原之势！让我们以工作室为平台，开启班主任工作的新篇章！

谢谢大家！

冬日初阳照明月，众心如城待迎检
——河南省韩明月名班主任工作室检查评估报告

河南省洛阳市第九中学　　韩明月

尊敬的各位领导、专家：

我是韩明月，非常欢迎各位领导和专家莅临工作室检查、指导工作。这一天我期待了很久，也做了很多准备。下面我从学习成长、洛阳市教育局和我们学校对工作室的关心支持、成员情况、工作室活动和发展愿景五个方面进行汇报。

一、学习成长

2020年5月18日，是我永远难忘的日子，省教育厅下发了关于第三批河南省名班主任工作室主持人的拟定名单。在看到自己名字的时候，我特别激动。在那一刻，之前所有的艰辛和付出都化为一股甘泉，流淌在我的心里。但我也清楚，这不仅仅是一份荣誉，更是一份责任。我也在怀疑，自己能不能担起引领、辐射、带动本区域班主任专业化成长的责任。唯恐自己经验不足，水平有限，辜负上级领导的信任和支持。因此，我开始了我的学习之旅。

（一）向同行者学习，拓宽前行的路

我首先拜访了洛阳地区的陈敏名班主任工作室；和同批次的伊川县西场学校的路利娜老师进行了线上交流；我还开车来到郑州市第四十七中学，跟同批次的张建涛老师进行了交流，并探讨了工作室的创建和发展等问题。

（二）向其他老师学习，求取智慧与经验

我专程拜访了洛阳的张国平名班主任工作室，并亲赴安阳市滑县六中谒见恩师宋光彩校长，向他们学习工作室活动如何开展。

（三）向名师大家学习，提升自己的格局和境界

为打造工作室亮点特色，我与首批次入选的河南省名班主任工作室主持人濮阳市第十中学的都娟校长取得了联系，还在河南省第 36 个教师节最美教师发布仪式现场遇见了 2020 年河南省最美教师王红玉老师，聆听名家教诲，汲取宝贵的教学经验。

在这个过程中，前行者的探索精神和优异的成绩无不令我钦佩，也更加坚定了我努力向前的决心。学无止境，学海无涯。人这一生不仅要学习，还要善于学习。知识就像一个圆点，学到的东西会让圆点越来越大，但圆点外面的未知世界却没有边际。一个爱学习的人，总是幸运的；一个爱学习的团队，终会大放异彩。学习不是为了取悦别人，而是为了遇见更好的自己，不负韶华，不负此生。

二、洛阳市教育局和我们学校对工作室的关心支持

洛阳市教育局大力支持工作室的创建工作，洛阳市教育局基教科印发了《洛阳市教育局关于选聘韩明月路利娜主持的河南省名班主任工作室人员的通知》，批准通过了《河南省韩明月名班主任工作室成员选聘实施方案》。相关领导在百忙之中多次指导、协调工作室建设工作，并对我们工作室寄予厚望，希望我们工作室踏踏实实做好基础教育工作，认认真真做好班主任研究工作，为促进洛阳地区班主任专业化成长、打造洛阳教育品牌贡献力量！我一定谨记领导嘱托，全力以赴！

我们学校的领导也大力支持工作室建设，积极为工作室选址、装修和购置办公用品、书籍报刊等，以满足工作室的工作需要。

三、成员情况

根据文件要求，在洛阳市教育局和学校领导的支持下，2020 年 7 月底，我们通过初选和复选两个环节，最终确定了 22 位工作室成员，覆盖了洛阳市区及偃师、伊川、宜阳等地区共计 14 所学校。

成员的年龄结构搭配合理，"80 后"居多，"70 后"和"90 后"各占一部分，都在 45 岁以下，是一支富有青春活力、年轻的班主任研修队

伍。这些老师都是我们洛阳市各个学校及县区的骨干班主任，他们工作态度端正，学习愿望强烈，在其任教的学校和所在县区起到了很好的模范带头作用。我们会根据成员的活动参与情况和个人取得的成绩和表现，实行年度考核制，对优秀的成员予以表彰，对不合格的成员进行流动，每年要吸纳新的具有发展潜力的班主任加入我们的队伍。

四、工作室活动开展情况

确定成员名单之后，我们工作室制定了促进班主任专业成长的四年规划，每位成员也制定了本年度的个人成长计划，为实现专业化成长目标，在三个月的时间里，我们开展了以下活动：

（一）在暑期开展河南省名班主任工作室2020年专项培训活动

活动分为"线上学习促提升 云端研讨共成长""学习分享见真知 交流互动亮火花""撰写培训感悟，公众号择优推送"三个部分。全体成员认真学习，积极撰写培训感悟，共计超过4万字，大大激发了工作室成员的学习热情，有效提升了工作室成员的专业化水平，扩大了工作室的影响力，促进了工作室的进一步发展。

（二）开展"共读一本书，做有温度的班主任"暑期读书活动

为提高工作室老师的专业素养，促进其教育理解力、反思力的提升，实现班主任专业化成长，工作室选取了《李镇西教育知行录》一书作为暑假读书活动的读本。工作室成员在群里分享读书心得感悟，撰写文章，累计原创文章字数超过3万，工作室微信公众号择优推送，经上级领导推荐，得到了著名教育家李镇西的关注，工作室的老师们也深受鼓舞。

（三）师德学习——向最美教师学习活动

2020年9月10日，我接到河南省教育厅的邀请，作为全省12位名班主任工作室主持人代表之一参加第36个教师节表彰大会，并现场观看河南省最美教师发布仪式，还有幸遇见了时代楷模张玉滚校长。感到万分幸运的是，张玉滚校长还为我们工作室写了亲笔寄语，并合影留念。这本书和这张照片，我视为珍宝！那天大会结束后，张校长没有顾上吃饭就匆匆赶往自己的学校。看着他匆忙的背影，想起他感人的事迹，我肃然起

敬！从郑州回来之后，2020年9月13日上午，我们工作室的全体成员齐聚工作室，我给大家传达了会议精神，并一起观看了河南省最美教师发布仪式。成员们聆听着他们感人的事迹，无不为之动容，为我们的最美教师骄傲和自豪。随后，工作室成员王姣敏、高静、周鹏飞、牛晓娟、李冰、冯爱霞等进行了发言。工作室成员纷纷表示要以师德为先，向最美教师学习，脚踏实地、真心实意地做好班主任工作，争取带动身边班主任进一步成长与发展。我们这次向最美教师学习活动还受到了《教育时报》的关注和报道。

（四）开展案例分析活动

工作室着眼于解决班级管理中出现的实际问题，助力班主任专业成长，自9月份起，我们将周五晚上8:00—9:30作为线上案例分析活动的时间，秉持"选取典型实例，分享育人心得"的理念，由各小组整合案例，提出问题，全体成员积极参与讨论，由编辑组整理推送，为有需要的班主任提供良好建议。截至目前，累计组织活动10次，呈现出精品案例3个，撰写案例分析超过3万字。自此项活动开展以来，微信公众号的点击量和关注度持续走高，工作室的影响力也随之进一步提升。更让我感动的是，虽然每次说好一个半小时便结束活动，但是到最后都会持续到晚上十一点多，并且还有一些老师不舍得离开，甚至在第二天早上还发表感想。用我们工作室周鹏飞老师的一句话说：就是每次都想来，每次都不想走。每次遇到难题，除了在常规的活动时间内解决，我们都会在群里随时求助团队的力量，大家一起出谋划策，帮忙想办法。这个过程，提升了我们的班级管理智慧、更新了我们的教育理念，我们的感情也越来越深厚。工作室这个平台成了成员们除了家之外的第二个心灵港湾，就像我们工作室成员李阳阳老师说的：以前娘家是我的加油站，每次有什么不如意，回一次娘家，即便什么都不说，待上两天就可以精神饱满地再出发；现在我又多了一个加油站，就是河南省韩明月名班主任工作室，这里有一群永远满怀热情的班主任，为我扫除班主任工作上的困惑和无奈，有一群志同道合的同行者是何其幸运！感恩遇见！感谢每一位工作室同人，有你们在，我觉得自己力量无穷，期待我们一起乘风破浪，勇敢前行！

（五）开展日常感悟分享活动

为促进工作室成员快速成长，积极鼓励他们在班主任工作中大胆尝试，多总结多思考，工作室自10月起组织开展了日常感悟分享活动。自活动开展以来，工作室成员读书学习的积极性、总结概括能力不断提升，工作室微信公众号在积极整理推送中。

五、发展愿景

今年 10 月份，承蒙教育局领导信任，我有幸作为领队组织洛阳班主任参加河南省班主任基本功展示活动。全洛阳市六位老师，有五人获奖。但比名次更重要的是，通过这次活动我们积累了经验，聆听了河南大学博士生导师蔡建东教授的教诲，争取带动工作室成员早日从经验型、能人型班主任向专家型班主任转变，也为今后洛阳地区班主任的专业化成长之路提供一个新的发展方向。再次见到蔡校长，感到十分荣幸！作为工作室主持人，我一定秉承"辐射、引领、带动"的宗旨，为洛阳地区的德育工作贡献力量！

由于时间紧迫，我们还有很多计划没有成行，比如和濮阳、安阳一些工作室的交流活动还在策划中，专家培训刚提上日程。这次评估验收对我们来说，是一个崭新的开始，我们虽然基础有些薄弱，走得慢了一点儿，但我们愿意踏踏实实、一步一个脚印地往前走。我相信只要坚持不懈地努力，一定能走出一片海阔天空！更何况有各位专家的指导，还有教育局和学校领导的大力支持。请领导相信我们，我也相信自己，相信身后这些志同道合，有共同教育追求和梦想的同人！

路漫漫其修远兮，我们工作室的全体成员将上下而求索！工作汇报完毕！

谢谢！

越过山丘 有人等候
——加入河南省韩明月名班主任工作室以来的感想

河南省洛阳市宜阳县第一实验高级中学　王姣敏

这是我第三次来到洛阳九中。第一次是7月份参加工作室选聘活动，第二次是9月份参加工作室成员第一次全体会议，今天是第三次。我相信，这一次必定影响深远。接下来，我将分享我加入工作室以来的感悟。

从报名申请、专项培训、日常感悟、案例讨论，到圆桌选聘、管理实践、反思与改变……在这里，我和伙伴们组成了"班主任命运共同体"。我们热爱、分享、学习、成长。在伙伴们的帮助下，我越过了职业生涯中的一座座山丘。

我想我越过的第一座山丘，就是自己的"舒适区"。

作为一个在一线耕耘十年的老师，我积累了一些工作经验，也收获了一些荣誉。即便是在别人看来披星戴月、事无巨细的班主任工作，也尚能坚持应对。但我也知道，如果我对工作的要求就是"尚能应对"的话，那就说明我已经进入了心理学所说的"舒适区"。虽说"舒适区"让人舒服，但在这个避风港待久了，既没有了乘风破浪的欲望，也没有了创新的行动。我不愿成为"温水中的青蛙"，更不愿我的学生在变，而我一成不变。所以，在7月份，我走进了九中，遇见了一群和我怀揣着同样理想的伙伴们。

虽素昧平生，但一见如故。我们围绕圆桌，畅谈至中午。忘不了姗姗来迟的孙静涛老师一提到"班主任"三个字便热泪盈眶，忘不了李阳阳、李芳芳、李冰老师纯真笑脸上洋溢着对班主任工作的憧憬，忘不了冯爱霞老师分享给我们的"绽放自我格内起舞，放大格局终身去爱"，忘不了张佰征老师布置工作时的细心周到，更忘不了韩明月老师真诚、热情地对我们说："聚是一把火，散是满天星。"

……

驶出避风港，扬帆起航；跳出舒适区，乘风破浪，和志同道合者共同探索自己的能力边界，然后点亮自己、照亮未来。这是我越过的第一座山丘。

我越过的第二座山丘，是自己的"知见障"。

我在一本杂志上看到过这样一段话：初当班主任时，总盼着学生都是"一样的"：一样地乖巧听话、一样地热情开朗、一样地积极主动、一样地努力学习……一眼望去，班里若是有两三个"与众不同"的孩子，心中便总是忐忑。作为一个"负责"的班主任，我总觉得自己要做点儿什么。我会找学生谈话，找家长交流，旁敲侧击，明确要求，施加压力，督促改正……怀着"一切都是为你好"的初衷，用自己认为正确的标准，用自己习惯的方式要求学生。这大概是很多班主任最常做的事，但这也形成并强化了我们的"知见障"，即复制自己认为正确的成长步骤，然后粘贴到学生身上。

在参加完工作室的线上培训和每周五的案例讨论之后，我发现，我变了。

在最近一次的案例讨论中，面对一个被父母娇惯纵容、上演"跳楼"戏码、敏感又爱美的高中女生，周鹏飞老师专门以学生本人的口吻写了合情合理的心理分析。虽然问题并未完全解决，但李阳阳老师在泪水中收获了这个学生送来的糖果和安慰……案例中的一切都似曾相识。这个孩子确实没有按照我们设想的步骤去成长，可那又有什么关系呢？她来到我们面前时并不是一张白纸，她身上的种种不足是个人、家庭、学校、社会共同作用的结果。今天的她可能无法让很多人满意，但明天的她完全有可能为这个社会做出力所能及的贡献。所以，作为班主任，要安静地倾听，耐心地陪伴，帮她慢慢地找到自己的节奏，慢慢地遇见更好的自己。

正如线上培训中乔健老师所说："班主任的专业理念应该因事而化、因时而进、因势而新、因形而活。"教育事业的确需要热爱，但热爱并不等于称职，如果我们不加强学习，不开阔视野，不突破自己的"知见障"，那么我们的付出终将是竹篮打水一场空。

人在追逐理想时，也不是非要遇到志同道合的人才能上路；往往是上了路，才能遇到志同道合的人。从7月份到现在，时间不算长，但这场遇见，让我们携手，越过自己的山丘，和孩子们一起领略更广阔的美。尤其是当我收到韩明月老师从郑州带回的由张玉滚老师亲笔签名、赠言的书时，我怀着激动的心情，在嘈杂的公交车上，一口气写完了《风雪担书梦你字刻我心》，这就是"志同道合"的力量。

经历了这些，我真的越来越相信，现实并不像歌中唱的那样"越过山丘，才发现无人等候"。于我而言，越过山丘，有人等候，更有人坚守。

最后，让我以张玉滚老师的赠言结束此次分享：祝名班主任工作室越办越好！

(本文系《教育时报》发表作品)

足履实地，花开芬芳
——河南省韩明月名班主任工作室发展纪实

河南省洛阳市第九中学　　韩明月

创建篇

"把灾难当教材，与祖国共成长"既是我申报河南省名班主任工作室主持人时的考题，也是我成长成熟的开端。从那时起，我深刻认识到班主任肩上所担负的生命教育、信念教育、科学教育、道德教育的价值和意义，所以始终不敢懈怠。通过不断学习、探索、实践，我终于有所收获，和大家分享一下：

第一点，创建工作室要汲取先行者的养分，避免两个误区。每个先行者都值得我们钦佩和学习，他们的拓荒精神和治学态度鼓舞了许多后来者。我是第三批河南省名班主任工作室的主持人，虽然对未来很坚定，但仍免不了有许多困惑。在工作室创建初期的那段日子里，在听讲座、看公众号文章或是线下学习、拜访的过程中，我内心的困惑慢慢得到解答。我曾在工作室迎检报告《冬日暖阳照明月　众心如城待迎检》中讲述了自己的学习经历，赢得了评委的一致认可。

一直以来，我特别感念我的恩师——首批河南省名班主任工作室主持人宋光彩老师；我也曾在自己教师节时写的一篇文章中表达了对他的感恩之情，他使我避免了工作室创建中的一个误区——全盘模仿。宋老师不是把自己的方式方法直接给我参照模仿，而是根据我的实际情况，悉心指点了我的每一处不足。在他身上，我看到了为人师者的用心良苦。"学，然后知不足；教，然后知困"，才能互有裨益。在我担任主持人和洛阳市中小学班主任研究中心办公室主任的这两年，我多次遇到了直接索要资料，以照搬模仿的人，也偶尔见过几乎完全相同的工作室创建方案，这种做法对工作室的创建和班主任的成长并无益处。只有真正用心思考并加以实践，才能走出一条自己的路。为了省时省力，不假思索地盲目效仿是不可取的。另一种误区，则恰恰相反——闭门造车。时代不断发展，面对新时代、新形势、新要求，班主任要多了解社会实际和学生发展的新需求，"睁眼看世界"，与时俱进。工作室应在继承中发展，在发展中创新，不能一味停留在如何提高学生的学习成绩上，更应该反思如何运用多种形式、采用新方法落实立德树人根本任务。

第二点，工作室要有先进的发展理念。它应具备三个特点：前瞻性、实操性和双目标性。前瞻性指的是我们要有长远的眼光，能够预见和引领本地区班主任发展的方向。实操性指的是工作室的发展理念，应以一线班主任反复实践、总结为基础。双目标性指的是既要实现班主任专业化成长的目标，更要助力学生健康成长。下面我简单阐述下我们工作室的发展理念。

"点亮心灯，照亮多彩人生"就是我作为一名一线班主任和学生成长的真实写照。事情是这样的：2018年的一节晚自习课上，我发现有个女生竟然用小刀划自己的手腕！一道道的刀印，虽然不深，但也足够触目惊心！我就用自己掌握的心理学知识，初步判断这位女同学得了抑郁症，并及时打电话联系其家长，了解了学生的过往经历，指导学生进行治疗。我坚定地告诉她：这跟发烧感冒一样，是一种病。但能治！不要有心理负担！这位同学在家休整期间，我时常与她的家长沟通交流，并给出合理建议。在专业心理咨询师的共同辅助治疗下，这个同学顺利重返校园，并在2019年被心仪的大学录取。这个事情后来还被《洛阳晚报》在"校园名师"系列中报道了。

在创建工作室的时候，在不断思索如何促进班主任专业化成长的时候，我推己及人，对"点亮心灯，照亮多彩人生"做了延伸。面向班主任：一专多能，共同成长。这个"多能"指的是班主任应具备心理健康教育、家庭教育、学生生涯规划等方面的能力；而"一专"则指的是班主任的专业化。我在河南汝阳做讲座时，对此进行了诠释："班主任专业化，并不意味工作岗位的专门化；而意味着班主任工作是一门学问。班主任专业化不只是知识层面的，也就是说它不是简单的阅历积累，经验累加；而是通过一线班主任的理论指导，来实现班主任的专业化成长。"2021年全国中小学班主任基本功展示交流活动的开展，也证明了工作室的发展理念符合国家对班主任的专业化成长的要求。工作室的目标就是坚定为党育人、为国育才的信念，根据学生的身心特点和成长成才的需要，积极落实立德树人根本任务，促进学生健康成长，最终成就师生的精彩人生。

需要强调的是，工作室不可完全复制学校和其他工作室的理念，而是要有自己的理念并加以实践，方能成就属于自己的精彩。

第三点，创建工作室需要主持人有足够的教育情怀和能力。从古至今，凡创伟业者，无不靠满腔热情和情怀来支撑自己，这是一个成事者的必备要素。主持人首先要是一个具有教育情怀的人，这份情怀是他在面对各种压力和挫折时不倚不倒、奋勇向前的内驱力。主持人还应具备较强的学习能力、组织能力、敢为人先的创新能力和笔耕不辍的写作能力。唯有如此，才能不断开拓进取。主持人不是行政领导，而是工作室成员专业发展的引领者，所以主持人在工作室里应避免权威化。

第四点，选聘工作室成员的关键在于是"同道中人"。我们工作室目前有25位成员，涵盖了15所学校，辐射到高中、初中及小学各个学段，既有城市学校又有乡村学校。我们在相处过程中，志同道合，亲如一家。我们开展的案例分析活动比较成功，每次说好的时长一个半小时的活动，最后都会在老师们的坚持下持续到晚上十一点多，并且还有老师不舍得离开，甚至在第二天早上还发表感想。每次遇到难题时，我们都会一起出谋划策。这个过程，提升了我们的班级管理智慧、更新了我们的教育理念，我们的感情也越来越深厚。工作室这个平台成了我们除了家之外的第二个心灵港湾。

另外，我们会根据成员的参与情况和个人取得的成绩和表现，实行年度考核制，对优秀的成员予以表彰，对不合格的成员进行流动。每年要吸纳新的具有发展潜力和愿望的班主任加入我们的队伍。

在这里我特别想说明的是，成员的招募方式很重要。要想把今后的工作做扎实，一定要通过正式遴选的方式选出真正有成长意愿的老师，这样的团队才能焕发出生命力。要争取让每一位老师成为一个火种，让他们在回到各自的单位和片区后，继续为教育事业发光发热，从而让工作室完成"点燃"一间教室、照亮一方天空的使命！

第五点，在积极争取各级领导支持的同时，还要注重工作室平台的独立性。工作室实质上是各级教育行政部门以主持人为核心、为区域的学、研、修一体的成长平台，所以主持人要从有利于区域班主任发展的高度，肩负使命，大胆地向各级领导提出有效建议，争取政策、资金等方面的支持。同时要充分发挥自主性，保持工作室平台的独立运行，避免工作室出现行政化倾向。

发展篇

　　《诗经》有云："靡不有初，鲜克有终。"这也是工作室发展过程中经常遇到的问题。河南省最美教师、河南省名班主任工作室主持人王红玉老师在验收我们工作室时也曾提到过这个问题，只愿道阻且长，行则将至。两年来，我也有些探索和实践心得，和大家分享一下。

　　第一点，保持学习的热情，注重成员学习成长过程的阶梯性。学习过程大多先有量的积累，最终才能迎来质的变化。就拿我们工作室的读书活动来说吧。第一年我们设定的主题是"做一名有温度的班主任"，为大家配发和推荐的书籍以著名班主任的自我成长著作为主，如《李镇西教育知行录》；让爱和温度扎根于每一位成员的心底，通过不断地分享和鼓舞，让大家及时更新自己的教育理念。第二年设定的主题是"做一名有深度的班主任"，配发和推荐的书籍以班主任的成长反思著作为主，比如李希贵老师的《为了自由呼吸的教育》，引导成员们反思自己在班级管理中存在的问题，并积极讨论，进而更加合理地解决在班级管理过程中遇到的问题。现在我们设定的主题是"做一名专业的班主任"，并为大家配发和推荐了各类专业成长的书籍，如吴松超老师的《给教师的 68 条写作建议》，旨在帮助班主任实现专业成长的目标。试想一下，如果没有前两年的读书活动的铺垫，那么第三年提出的"做一名专业的班主任"活动就如空中楼阁，难以实现。其实，每一年的读书活动，成员们都能收获成长的喜悦，进而保持学习的热情。

　　第二点，敢于直面班级管理中存在的问题，并在实践中解决问题。工作室这个平台，往小了说，就是要解决班级管理中存在的实际问题，我们采用的主要方式是案例分析和小课题讨论，重在实践。新学期开始时，来自乡村中学的姚闪闪老师分享了一则班级案例：班里的小刘同学在开学一周后才来学校，经了解，小刘在网上看上了一双运动鞋，800 多元，小刘妈妈觉得太贵了，就没有给他买。然后他就一直不来学校，最后小刘妈妈没有办法，就给他买了这双鞋。为了让他早点儿回学校，还花了 30 块钱的加急邮费。他收到鞋子以后，才回到学校。此现象其实就是"潮鞋现象"。我们通过此现象分析了小刘同学的盲目攀比心理，进而剖析了问题的实质——部分初中生没有树立正确的消费观。于是，工作室的成员在家庭教育、主题班会、劳动教育和小课题等方面给了姚老师一些建议。姚老师听取了这些建议，安排小刘到餐厅打饭。他渐渐不再关注自己的鞋子，而是经常去帮助打扫清洁区的同学。在连续一周的养成教育课程中，他都是大家表扬的对象。第三点，努力为工作室成员提供展现自我的舞台。作为主持人，我每年接待来访或开设讲座的机会还是比较多的，但成员却不然。所以，我每次外出开设讲座时，都会带上部分工作室成员，尽可能地为他们提供展现自我的舞台，从而更加坚定他们的信念。像工作室的高静老师，加入工作室不到半年，就受邀在学校做了题为《走出舒适区 方能乘风破浪》的主题讲座；后来我到洛阳市第二外国语学校、伊滨区教育局开设讲座时都带上她，请她讲主题班会；再后来，在洛阳市中小学班主任培训课上，我请她分享了自己的成长经历。每一次看到她登上舞台，我都很欣慰；看到她一次比一次进步，我也非常高兴。工作室的另一成员刘萌老师，被工作室推荐参加了第二届洛阳市中小学班主任基本功展示活动，并获得了二等奖；回到学校，即受邀做了参赛报告；前不久又受孟津区教育体育局邀请，担任了孟津区中小学班主任基本功展示活动的评委。可以肯定地说，如果每个胸怀教育理想的人都有展示自我的舞台，那么工作室团队怎能不生机勃勃！

第四点，着力践行工作室的理念，为工作室的成员提供朝某一方向发展的建议。在同路而行的时候，每个成员都能展现出自己在某一方面的特质，工作室积极鼓励成员发挥专长。比如王姣敏老师擅长写作，有多篇文章发表在《教育时报》《班主任之友》等刊物上，那么我们就请她为我们开培训课，讲写作的技巧；周鹏飞老师在家庭教育和家校共育中有独到的见解，我们就请他为我们解读《中华人民共和国家庭教育促进法》；姚闪闪老师身处乡村中学，那就鼓励她就地取材，进行小课题研究；李冰老师注重"求真、逐梦"主题教育、李芳芳老师注重"生命主题教育"……可以说工作室的成员各有专长，都在书写多彩人生。相信这些力量汇聚成河，必将是一股洪流，势不可挡！

第五点，建言借力，做好地方服务工作。在工作室创建发展的过程中，各级领导和学校给予了我们多方面的帮助。作为工作室，既要站在一定的理论高度思考教育问题，又要有卓越的反哺能力，为区域班主任专业化发展贡献一份力量。我们的工作室在各级领导的关心和关注下，在河南省名班主任工作室考评中名列前茅，市教育局的领导也给予了充分肯定，接受了工作室关于成立洛阳市中小学班主任研究中心、实施洛阳市中小学班主任素养提升工程的建议。随后，工作室承接并圆满出色地完成了首届洛阳市中小学班主任基本功展示活动，第二届洛阳市中小学班主任基本功展示活动决赛部分和首批洛阳市名班主任工作室主持人遴选、验收等部分工作，得到了市教育局领导和洛阳市的班主任们的一致好评。在这个过程中，成员们都十分积极，主动报名担任志愿者工作，并在活动中积极汲取养分，同时也用文字记录着一段段成长的经历。

路漫漫其修远兮，河南省韩明月名班主任工作室全体成员将上下而求索！

谨以此文作结。

第六章　成员心语

余秋雨说："生命，是一树花开，或安静或热烈，或寂寞或璀璨。"所以，不管经历什么，都是一种历练，都是一种成长，也是一种别样的美，即成长之美。

2021，不念过往，不畏将来

河南省洛阳市第九中学　韩明月

不管是否愿意，时光总是会毫不留情地从指尖划过，十年前，我带着青涩和懵懂，告别象牙塔时，未曾想过十年后的今天自己会是何模样。今天的模样，自己满意吗？我突然说不出答案，是因为梦想还未实现，还是内心没有明确的方向？

2020 年，我和毕业十年的自己做了一个了断。如果重新来过，我会做出怎样的选择，又会有怎样的遇见？

人生不过是一次次的相遇、分离。记得高中时代，我就在思考，人活着有什么意义呢？小小的脑袋想不出合适的答案，最终认为：人这辈子是一场空，毫无意义。直到今天，我还对曾经的答案深信不疑。但正是这份毫无意义的答案，让我不怕困难也不怕挑战。在这个世上，我们每个人都是一无所有地来，有什么输不起的？全力以赴，不要只做在角落里的背影，为什么不可以凭借自己的努力，让自己在舞台中央闪闪发光呢？在这毫无意义的人生里，给自己找点儿事情做吧。既然来到世上，就不要因虚度年华而悔恨，别因碌碌无为而羞愧，反正闲着也是闲着。

对2020说声感谢。

感谢您，老师。学生不才，却得您青睐，扰您良久，您从未厌烦。谆谆教诲，永记心间，让我难以忘怀。良言入耳，让我三冬暖，让我春不寒，犹如天黑时的一盏明灯，下雨时的一把雨伞！遇到您，何其有幸！那天去郑州领奖牌，我第一时间把喜讯分享给您，您在祝贺之余，感叹我的努力和辛苦。您对我的好远远超越了一位普通老师对学生的爱，在我心里您更像家人和长辈，爱您！还有宋老师，咱们是多么有缘，明月自己不会发光，是因为您的指点，才给我带来了无限光彩！每一份荣耀背后，都离不开您的鼓励和指引！

感谢我所遇见的领导们。那天揭牌仪式上，我静静地坐在后面，期待着将辛苦得来的劳动成果展示在大家面前。但我内心竟然异常平静，是不是有些事情期待太久，就没有了激情？直到听到您亲切地喊我的名字，招手示意我来到前台，我内心才泛起了涟漪。原来，所有的努力都会被看见；所有的付出，都不会被掩盖。就像钻石，即便埋在沙滩里，也会在阳光的照耀下熠熠生辉！您执意要我站在中间，我忐忑又不安，但您的微笑和温暖，让我坦荡、无畏又心安！面对镜头，我脸上挂着笑，眼里藏着泪，感动之余更多的是对未来的憧憬和期待！您认真听讲座的样子让我钦佩，认真的人才能支撑起教育的天空和未来！明月何德何能，承蒙领导们如此信任，不嫌弃我小小的肩膀，也不怀疑我能力有限。我们本无交集，却因同一个目标、同一个梦想携手共赴未来！我有什么理由不努力，又有什么借口去犹豫！未来，怀着梦想，我们一路相伴。

感谢我的小伙伴们。我们来自河洛大地的不同角落，却因心灵相通、志同道合而聚在一起。每次相见，都如同奔赴一场盛宴，念念不忘，时常牵挂在心间。这一年，因为有你们，我深深地感到自己做的事情是有价值的！那天我站在门外，看到教育局的领导把聘书亲自发到你们手中，竟然忍不住湿润了眼眶，我觉得只有这样隆重的仪式才能答谢各位的支持和不离不弃！谢谢阳阳、军转，把工作室当成自己的娘家。多想说，你们才是我们中间最温暖的小太阳，时刻带着温暖和光芒，你们的善良和真实，让我感到自己做的事情很有意义！谢谢我的老乡海滨，每次看到你就像看到我的家人一样，让我感到无拘无束又亲切，我那天对我老公说他敢欺负我试试，因为有你做后盾，我心里多了一份底气！感谢周老师，孙静涛老师，还有冯爱霞老师，你们就像大哥大姐，包容又指点着我们！还有李冰老师，你的聪明美丽让我羡慕，可你却又如此谦虚，每次听您喊我韩老师我都感到很惭愧。我时常因自己不够优秀而惶恐，还因自己资历尚浅而不安，但更多的是感受到荣誉背后那份沉甸甸的责任和使命。文娟、高静、卫婴婴老师，你们虽然低调安静，但由内而外散发的智慧让人如沐春风！能力突出、腹有诗书气自华的姣敏和芳芳，在你们身上我看到了坚持和努力开出的花朵，有这么优秀的同伴，夫复何求？还有九中的小伙伴们，虽然低调不张扬，但总在我们最需要的时候提供最及时的帮助！工作室建立之初，我们一无所有，凭着一腔热情努力成长，最终被大家所关注。耕耘不问收获，自有一路花香！我们要继续努力，不负韶华不负卿！

　　谢谢我的家人们。从未向你们说过感谢，但你们却是我最应该感谢的人。谢谢父母，每次都叮嘱我注意身体，你们从来不给我过高的要求，不要求我飞得高，只关心我飞得累不累、开不开心！谢谢婆婆，每次回家都准备好了饭菜，家也打扫得干干净净，让我没有后顾之忧，让我能安心工作，不为家务烦忧，不为家庭琐事缠身。我们虽然过着普通的生活，但因为心中有爱，从不感到拮据。老公，今天是我们领证七周年的日子，生活忙忙碌碌，七年就像一瞬间，过得飞快。你的辛苦，我看在眼里，疼在心里。我从不怀疑你对我的爱，也正是这份爱，让我大胆任性、无惧无畏！因为有你在，我什么都不怕！你是我最坚实的依靠和强大的后盾！每次都是你在背后默默地付出，把荣耀留给我！今后，我希望你多爱自己一点儿，按时吃饭和休息，不要因为工作耽误了一日三餐。还有一直关心我、爱我的亲人们，你们总说我是你们的骄傲。殊不知，你们才是我的骄傲！你们的爱为我点亮了前行的路！

　　最后，抱抱自己，和自己悄悄地说声：辛苦了，一路走来不容易。

　　2020年，画上一个完美的句号；

　　2021年，不念过往，不畏将来，梦想一路同行。

成长，惊喜，祝福

河南省洛阳市第九中学　　韩明月

我们高中开学早，实行封闭管理，所以我不得不把还没入校门的孩子带在身边，看着她和其他小朋友在校园里玩闹，傍晚领着她坐在操场的大树下欣赏校园的风景，突然感觉时光如此最好。

今年暑假我们一起读了李希贵老师的书，他的很多教育理念现在用起来一点儿都不过时。他在书中说自己的爷爷虽然没念过书，但对书本的那份热爱时刻影响着他。可见家庭氛围对孩子的成长多么重要，对知识的敬畏、尊师重教的美德时时刻刻都会影响孩子。所以我们作为班主任，首先要尊重知识、尊重老师，这样才能让孩子心中有敬畏、行为有分寸，不至于成为老师眼中的"问题学生"。保持好奇心和探索的热情，才能在知识的海洋里不断畅游。父母是"原件"，孩子是"复印件"，我们一定要先把"原件"打造好，这是责任，也是必须要做到的。

这个假期，看到工作室的小伙伴们高涨的学习热情，对生活、对工作的那份进取心，我感到自己一年来最大的幸运莫过于遇到了这群志同道合的朋友。我们在一起学习、进步、探讨、交流，不管是对工作、家庭生活，还是育儿观念，我们都能畅所欲言、像家人一样互相帮助和鼓励。有时候我都在想，是不是洛阳市优秀的教育工作者都被我遇见了。我何其幸运，不仅多了"战友"，更多了"家人"，我不知道用什么词语来形容我们之间的这份美好的感觉和关系。工作室已经成了我生活和工作中不可或缺的一部分，如果我们有一段时间没交流，我就会觉得生活中少了点儿什么。正是这个平台给予了我最大的幸福感，我不仅收获了智慧，还有一种不是家人胜似家人的情感寄托。总想说谢谢，谢谢在这个平台背后支持我们的领导们，谢谢遇到的每一位同人，谢谢每一位家人。有大家在，不管工作、生活、育儿中遇到什么困难，我总能找到合适的人去探讨、去突破，然后慢慢进步、成长……

带着孩子、跟着家人，我们一起走……希望在做老师和为人父母的路上，我们都能有所成就。祝福我的宝贝和大家的宝贝们，开学快乐，健康成长！

成长之美

河南省洛阳市第五十六中学　高静

余秋雨说："生命，是一树花开，或安静或热烈，或寂寞或璀璨。"所以，不管经历什么，都是一种历练，都是一种成长，也是一种别样的美，即成长之美。美有不同，于我而言，成长之美是什么呢？

成长之美，是遇见之美。7月中旬，偶然间从同事那里听到韩明月名班主任工作室开始招募学员。听到这个消息后我很高兴，也有担忧。高兴的是学习的机会是如此的宝贵，尤其是对班主任而言；担忧的是普普通通的我是否具备入选的资格呢？在担忧的同时，我也开始着手做准备工作，写简历，写自己对班主任工作的感受，写教学管理的经验和不足之处，争取以饱满的状态迎接我们的"第一次"见面。7月26日，终于等来了这一天。第一次见面，看着一张张陌生的面孔，我心里略有紧张，但一看到韩老师真诚的笑容，看见绿意盎然的房间，就像一缕凉风迎面而来，我紧张的心顿时轻松下来。就这样，在韩老师的欢迎中，看着大家自信满满的面孔，我们相遇、相识了。俗话说"有缘千里来相会"，感谢韩老师提供的优质平台，感恩我们的相遇，感恩能够一起同行。

成长之美，是蜕变之美。蚕蛹抓住时机，才有了化茧成蝶；幼苗经历了"风吹雨打"，才成为一棵参天大树；荆棘鸟顽强、努力，才有了冲向荆棘的勇气；而我遇见了你们，才有了成长的契机。短短三个多月，各位同人让我感受到了班主任工作"独行快，众行远"的意义，听到了教学工作中的平凡故事，看到了他们是如何把生活小事转化为教育智慧，也领略了同行者的教育情怀。作为新手班主任，我开始重新思考如何构建一个优秀的班集体，如何对待频繁出现问题的学生，如何让班会课成为开展学生德育活动的主阵地，如何让教育管理和家庭教育相得益彰，如何让阅读成为教师专业化成长的一件法宝，让反思和总结成为我们日常的教学活动。可能这种改变离蜕变还有一段距离,但即使是这一点点的改变,点滴汇聚,也终会开出美丽的花朵。

成长之美,是陪伴之美。我时常回忆起过去的点点滴滴:我们初见时的喜悦激动,讨论分析中大家各抒己见,以及探讨问题时的"针锋相对";遇到困惑时各位同人的倾囊相助,安慰和鼓励;有好的成绩时,你们真诚地赞扬……你们像厚厚的相册里的一张张冲洗而成的照片,像装订成册的书籍里的一篇篇诗意盎然的文章。有了你们,我更深刻地理解了"班主任"这三个字的意义。

成长之美,是坚持之美。坚持是一件很酷的事,坚持也让我在平凡的工作中感悟到不平凡。在每周五例行的案例分析活动中,大家蓄势待发,不到时间就迫不及待地开始畅谈,即使时间已过,仍久久不愿离开。每月分享的教育故事,也都让人久久回味。比如,王娇敏老师的"揭开课堂捧哏的神秘面纱",李冰老师的"在学生的错误中捕捉价值",周鹏飞老师的"教育点滴生活",戚文娟老师的观影后感以及经验丰富的冯爱霞老师的全面总结等。他们坚持写作,坚持思考,坚持从不同的视角去解读学生的种种言行。对于像我这样的新手班主任,这无疑给我提供了更多的可深入思考的角度。

成长之美,是文字之美。李镇西老师曾说:"教育与文学共进,思想与激情同飞。"所以任何一名教师都应该学会思考,而教师的写作则是通向思考的重要途径。所以自从加入工作室以来,我也写了一些生活感悟和反思随笔。比如:河南省名班主任工作室暑假专项培训的学习感悟;阅读李镇西老师的《教育知行录》后写的读后感;根据自己的工作经验和反思内容准备的个人教育理论分享;致敬最美教师学习活动的观后感;日常教育教学感悟……这一篇篇文章并不像我想得那么难写,因为每天的教学生活中都有真实的人物、故事、细节和结果供我参考。每一次的写作,不仅留下了时间的痕迹,也为我在日后的反思和实践提供了更多的思路。

成长之美,是反思之美,是欣赏之美,是分享之美,是各美其美,是美人之美……还有许许多多未曾发现的美。希望在接下来的时间里,我可以和各位同人一起发现美,探索美,收获美。也希望大家在我们这个温暖的大家庭中能越走越有幸福感。

在路上
——参加洛阳市中小学班主任工作汝阳论坛有感

河南省洛阳市第四十中学　王军转

3月24日,我有幸和工作室同人一起参加了在汝阳县外国语小学举办的洛阳市中小学班主任工作论坛。因为路途遥远,会议流程被安排满满当当,所以我们天不亮就出发了。学习要趁早,志做早行人。

我一路上既期待又紧张。期待的是这次珍贵的学习机会,定会精彩纷呈;紧张的是会议里有个环节,我也得参与。尽管我在私下做了很多准备,稿子一改再改,但还是觉得心虚。善解人意的芳芳一边安慰我,一边把自己的"金点子"无私地跟我分享;前排的韩老师和张老师也在不停地给我打气,集体的智慧给了我莫大的勇气和动力!我努力缓解着紧张的情绪,让自己放松下来。相比之下,韩老师就镇定得多,她今天要以特邀嘉宾的身份给三百多名老师开场讲座!只见她也在准备,却没有慌张,也许这就是实力带来的底气吧。我在佩服之余,也暗下决心,一定要不断努力成长,希望自己有一天也能像她一样优秀!

伴着朝阳,我们来到了汝阳,在一片桃红柳绿的小河边,几个人最后一次校对了稿子。其实我已经看不进去了,拿着稿子也只是图个心理安慰。因为要脱稿,我的心里总有种如临大敌、视死如归的悲壮感,这与美丽的春色格格不入。不瞒大家,我的内心至少有一百次想要临阵脱逃,又在心里嘲笑自己的胆小懦弱。

时间并不会因你而停下脚步,该来的总会来。我们在众人的引领下进入了会场,台上是众领导席位,台下黑压压地坐满了来自不同学校的领导及老师。大家都热情高涨,翘首以待。

第一个环节是各级领导讲话,揭牌,在掌声中汝阳县的班主任素养提升工程拉开了序幕。第二个环节是班主任工作经验分享。七位优秀的班主任用一张张精美的 PPT，声情并茂地诉说着自己在班级管理中的爱和智慧。其中令我印象最深的是汝阳实验高中的谷利杰老师，他风趣幽默，才华横溢，只可惜生源不同，个别做法只可学习无法借鉴。

  第三个环节是沙龙，大家坐在一起讨论"如何让家长成为班主任的好助手"。没想到临上台的时候我倒平静了很多，竟能自始至终保持着礼貌的微笑，尽可能地把自己的观点陈述清楚。他们都有自己的亮点，我应该也不算差，放下心理包袱，我轻松了很多。许多时候，我们最大的对手就是自己。也许，这场活动对我而言，早已超出它本身的意义。经过这场蜕变，我终于勇敢地摆脱了紧张情绪，大胆地展现自己！是的，只有经历过生命的拔节之痛，才能绽放出美丽的色彩！

  最后一个环节是韩老师的舞台，她深入浅出地讲述了班主任素养提升工程的内容和意义，还有一些具体方法，干货满满，获得了台下观众的一致好评。许多老师结束后还意犹未尽，纷纷向她索要联系方式。相信她的星星之火，不仅仅照亮了我们工作室，更照亮了许多不甘平凡的同人的心！

  回来后，我的内心久久不能平静。我一直在思考着何为教师的"优秀"和"优秀"的教师，我们在前进的道路上又该如何取舍。在生活这张试卷上，相信不同的人有不同的答案。但有一点是相同的，那就是在不断丰富自己的学识和经验的同时，更要不断调整自己的心态、提升自己的格局。我坚信，只要保持一种向上的姿态，努力耕耘，自会桃李不言，下自成蹊。

读懂他人 读懂学生 读懂自己
——写给韩明月名班主任工作室新晋成员

河南省洛阳市宜阳县第一实验高级中学　　王姣敏

　　虽说是第一次见面，但我对大家并没有太多的陌生或是紧张感，反而觉得"与君初相识，犹如故人归"。因为我们有一个共同的名字叫"班主任"，因为我们有一份共同的追求叫"教育"，因为我们有一种共同的渴望叫"成长"。

　　2020 年 7 月，我像你们一样，带着些许困惑，夹杂着喜悦，叩开了这扇门，遇见了一群"尺码相同"的人。韩老师的敢想敢干给了我莫大的激励，张佰征老师的细致入微让我感动不已，周鹏飞老师的"敢于放手"让我深受启发，李芳芳老师的积极向上让我备受鼓舞，冯爱霞老师的教学经验让我自愧不如，李冰老师的含蓄内敛值得我用一辈子去学习，还有李阳阳老师的率真可爱让我参悟了永葆青春的秘诀……都说"读万卷书，不如行万里路，行万里路不如阅人无数"，工作室的每位成员就像一本书，内涵丰富又独一无二。若能持之以恒，我相信大家定能读懂他人，且常读常新。

　　在这里，除了"读懂他人"，还能重新"读懂学生"。如果有人问你，什么是"学生"，你会怎么回答？曾经，有人问我这个问题时，我的手很自然地指向教室，"教室里坐着的不就是嘛！"后来我当了班主任，再有人问我这个问题时，我的手会指向校园、指向餐厅、指向寝室……而今天，如果有人问我这个问题，大家猜我的手会指向哪里？我的手会指向自己。因为，很多时候，不是我们在包容学生、帮助学生、成就学生，而是学生在包容我们、帮助我们、成就我们……我们才是从他们的青春中汲取成长力量的"学生"。

在这里,除了读懂学生,还能重新"读懂自己"。作为班主任,你知道学生眼中的你是什么样子吗?我曾在教室里没收过一张小纸条,纸条上歪歪扭扭地写着一些奇怪的话,还简单地画着一只长条形的扭曲着的虫子,内容是这样的:"**说啥?""你考得太好,你不知道?你那水平,**不知道?"(*代表虫子)虽然我不知道那只扭曲的虫子是什么意思,但我敏锐地感觉到那可能指代我。但估计是抽象派画家所作,我研究很久也没弄清是个什么虫子。后来,我多方打探,才弄懂了那只扭曲的长条形虫子是"壁虎",而它确实代表我。为什么呢?我的"亲信"偷偷告诉我,他们说长时间趴在墙上的只有两种动物,一种是壁虎,还有一种是班主任。这就是我日夜陪伴的学生对我的印象:一只壁虎。看来让他们印象深刻的是在暗处盯梢的我,而不是那个为他们付出了爱、时间与精力的我。为什么呢?为什么我从早上五点半陪他们到晚上十一点,却只能被看成一只"壁虎"?为什么我放着自己的孩子不管,把时间都花在他们身上,却被他们看成一只"壁虎"?为什么赚着三千的工资还自掏腰包给他们买奖品的我却被他们看成一只"壁虎"?我相信很多班主任都有过类似的疑问和痛苦。是的,教育事业需要热爱,但热爱并不等于称职。如果我们不加强学习,不开阔视野,不突破自己的"知见障",不提高爱的能力,那么我们的付出终将是竹篮打水一场空,我们在学生心中不过是一只趴在墙上的"壁虎"。

读懂他人、读懂学生、读懂自己,这就是我加入工作室之后的一些收获,而各位必将收获更多。日后你的每次进步都有更多的人为你喝彩,你的每次困惑都有更多的人为你解答,哪怕是说错了话、做错了事,说出来也会有更多的人给你出主意、想办法……我们今日的努力,会给自己带来一些小改变,而持之以恒的小改变会为日后的大改变积蓄力量。我相信那个大改变一旦到来,会让所有的班主任更加深刻地感受到作为班主任的尊严、班主任的快乐、班主任的幸福……

各位伙伴们,不是一家人不进一家门,进了这个门,咱们就是一家人。这个家不大,但我们的心有多大,舞台就有多大;这个家不豪华,但我们胸有韬略气自华。如果说教育是对青春和成长的相伴好友,那我真诚地祝贺各位"班主任"在今天开启了人生的第二次成长、第二次青春。

走一步，再走一步

河南省洛阳市孟津区麻屯镇中心小学　　刘萌

深秋，凉意逼人，我坐在室内，却倍感温暖；温暖的不只是室内的温度，更是我心中充满着的一种蓬勃向上的力量。

已好久没有翻书，好久没有动笔……

回首往事，时光总是匆匆；而我总是杂事繁忙、困顿疲倦、迷茫无措；有多少时间从我的指缝间偷偷溜走，我不得而知。正如朱自清先生所说："我的日子滴在时间的流里，没有声音，也没有影子……被微风吹散了，如薄雾，被初阳蒸融了；我留着些什么痕迹呢？"

什么痕迹也没留下，无数的誓言、无数的梦想，就像潮落后那搁浅在水中的鱼儿，拼命呼吸……

但我内心的深处，仍然有一种声音，仍然有一种力量，期待遇见、期待引领、期待成为更好的自己。感谢工作室，感谢韩老师这一轮明月，让我重新翻开书，重新遇见光。

有人说："与智者同行，你会不同凡响；与高人为伍，你能登上巅峰。跟什么样的人在一起，你就会成为什么样的人！"我想，所有人都愿与优秀者为伍，成为更优秀的自己。

初次相聚在工作室，没有陌生，没有尴尬。我们像一群久别重逢的故人，相识在一起。因为我们有共同的名字"班主任"，有共同的成长愿景，希望我们在班主任专业成长的道路上越行越远。

再次走进工作室，享受一场精神大餐，我的心灵再次受到洗礼。温柔似水的高单单老师的发言，从全新的角度阐释了习近平总书记提出的"四有"好老师的核心内涵——有理想信念、有道德情操、有扎实学识、有仁爱之心；聪慧博学的李芳芳老师注重实践，根据自身参加班主任基本功大赛的亲身经历，从五个方面事无巨细地为广大教师讲解，在班主任基本功大赛备赛时具体应该如何去做；勤奋好学的姚闪闪老师，从一名乡村教师的角度介绍了自己的"逐光之路",她道出了大家的心声;才华横溢的韩老师是"光",韩老师说,一个个兄弟姐妹,清澈又闪光,我们应该追着光,靠近光,成为光,散发光,从她们激情澎湃的发言中,我看到了她们眼中的光。

　　此时,在这束光的照耀下,我这个被搁浅在岸边的鱼儿,像被放生到了大海,汲取着生命的养分,快乐地畅游着。

　　人的一生有两个最大的财富,就是你的才华和你的时间。才华会越来越多,但时间却越来越少,抓住所有可以利用的时间,努力成为你想成为的人吧!

　　夜深人静,在一盏台灯下,轻轻打开书,细细品读;用心品味,掩卷深思。看鬓角的头发日渐斑白,我愿抓住时光的尾巴,走一步,再走一步,努力成为优秀的人,有方向,在路上,行者无疆!

感恩"明月",助我成长

河南省宜阳县张坞镇第一初级中学　姚闪闪

我叫姚闪闪,是韩明月名班主任工作室的一名成员,也是一名偏远乡村的一线班主任。

我和"明月"的缘分要从 2020 年的教师节说起。2020 年对我来说,是充满挑战和惊喜的一年。我非常幸运地获得了一份"殊荣"——教育部乡村优秀青年教师。作为优秀教师代表,我前往郑州参加河南省第 36 届教师节表彰大会,并上台接受表彰。在那里,我遇见了前往郑州领奖的优秀的韩明月老师。来去匆匆,我俩在车站聊了好久,聊得忘了合影。但是缘分就是很奇妙,工作人员拍大合影时很凑巧地把我俩安排在了一起。

2021 年的元旦,我第一走进工作室,"吃"了一顿精神大餐。好听的歌曲,好看的舞蹈,催人泪下的班级故事演讲,充满智慧的班级管理策略,韩老师的专业引领。韩老师说:"闪闪,我们工作室就是要辐射、引领。你是一直扎根在乡村的,你来了,我们的辐射面就更广啦……"我突然觉得压力好大,但同时也动力十足。因为我深知,成为工作室的一名成员,既是一种幸运,更是一份责任。

从那以后,我也开始读专业书籍。在工作室制度的约束下,在成员们榜样式的引领下,我也慢慢地开始写教育随笔和感悟,用文字来记录自己的教育生活。在这个大家庭里,大家从班主任工作中遇见的问题出发,共同分析、探讨,在对话中碰撞出智慧的火花。

信息化时代,网络成为大家沟通的便捷渠道。一个通知,一张照片,一段视频,一条信息,一声问候,都让我们觉得彼此离得很近。我们都知道,一个老师,一个班主任,首先要爱学生。但是只有爱是不够的,我们只有给这份爱加上智慧和专业,才能真正立德树人。工作室组织的一次次线下活动,增进了我们的友谊,也提高了我们的班主任素养,让我们慢慢地提升了工作能力。

8月份，我们的一次线上案例分析为开学"如何建立班委会"指明了方向，提供了很多可参考的方案。我学着军转老师着手建立学生档案，让同学们做自我介绍，竞选班委。在大扫除的过程中，有学生抱怨"为什么让我们拔草"时，我会学着张佰征老师就地开展"微班会"，对学生进行劳动教育。慢慢地，我也学会了"抓教育契机，引学生成长"，尽可能多地利用那些"特殊的日子"，如"神舟十二号航天员返回地球""九一八事变""孟晚舟回国"等。在观看"神舟十三号航天员见面会"的视频后，我问学生们想不想到太空遨游？他们说："当然想了！"我说："那既要有知识，又要有好身体才行啊。"

正所谓"隐性的功夫，显性的成长"，开学才一个月，我们九年二班就拿了好几个奖项，取得了不错的成绩。

上周的教师例会，校长在会议上说："家校共育这一块儿，我们要向九年二班闪闪老师学习，她每天的养成教育都很有特色，班级群里很活跃，充满了正能量，还开展了家访工作。闪闪老师加入了一个工作室，这班主任工作做起来就是不一样。"办公室的老师也说："你看闪闪的办公桌上放的书，她经常看的都是教育相关的书籍，工作肯定很出色。"

来之前，我去请假，说要来工作室。陈校长说："好！大力支持，闪闪越来越优秀啦。"听着这些夸赞，我当然很开心，走出校长办公室，我不禁问我自己："我优秀吗？"不！如果说我在班级管理中有了一些不错的想法和做法，在班主任工作上有了不小的进步，也做出了一些成绩，那也是韩老师和工作室的各位同人身上的光亮照在了我的身上。我所在的学校的同事们，可能还不了解我们工作室，但是他们看到我的改变、我的进步，就会知道我们工作室是一个什么样的集体。我们常常讨论的问题也正是班主任工作中常常遇到的问题，不知不觉中我们处理问题的方法就会被推广。慢慢地，我在提升自己专业能力的同时也帮助了别人。这是不是一个小范围的辐射和引领呢？

昨天上午，我的一个学生突然发给我一张照片。她叫陈璐琼，今年大一，曾经也是让我比较费心的一名学生。现在她是洛阳师范学院的一名定向师范生。她在成长档案里写道，她的职业榜样是姚闪闪老师。看到这张照片，我突然感觉我的付出收到了回报。

我们工作室的核心理念是"点亮心灯，照亮多彩人生"。我想，在璐琼的学生时代，我或许曾经给过她温暖和光亮，以致时隔三年多她仍然对我印象深刻。所以，我们更应该让自己的工作专业化，因为那个曾经被我们温暖过的学生，未来可能会去温暖更多的人。因此，我们更应该追着光，靠近光，成为光，散发光。遇见"明月"，遇见光，我现在正走在一条追着光、靠近光的道路上，感恩韩明月名班主任工作室的各位同人助我成长。希望有一天，我也可以成为光，散发光。

各位热爱教育事业的班主任们，让我们一起努力，共同成长，点亮心灯，照亮学生的多彩人生，照亮自己的多彩人生，也照亮更多人的多彩人生。

新年，新生

河南省洛阳市第九中学　韩明月

天地转，光阴迫，2022年来了。

岁月告诉我们，光阴无法快进，时间没有倍速，唯有每一个认真生活的人，每一颗纯粹笃定的心，为之标记刻度。祝你，新年快乐！此时此刻，让我们静下心来，留一段难忘的时光给自己。

回顾2021年，我的年度关键词是：感恩和珍惜。

在过去的一年里，我们工作室不仅协助教育局承办了首届洛阳市班主任基本功展示活动和首批市级名班主任工作室主持人的遴选活动，还屡次受到各学校、县教育局、市教育局的邀请，去给老师们开设讲座，为班主任素养提升工程贡献了力量！我自盛开，蝴蝶自来。在过去的一年，我们工作室的辐射面更广了，不仅实现了中小学各个学段的全覆盖，还实现了从农村到市区，从职业学校到普通中学，从私立学校到公立学校的全覆盖。教育没有"界限"，我们为了同样的目标——立德树人，殊途同归，一起谱写教育华章！

我们在一起，不是家人胜似家人。工作室从成立到现在，每次遇到困难时，大家的勤奋好学都在激励着我努力坚持下去。"不是因为有希望才坚守，而是因为坚守才有希望。"我们是一群志同道合的人，做的事非常有意义。我们在工作室写作、读书、研讨；吴宏利老师的文章被《德育报》发表；王姣敏老师提供的案例分析经过工作室成员一起探讨后，被《班主任之友》刊发；周五晚上的案例分析活动开展得如火如荼，大家的思维能力和理论水平日渐提高。虽然平日工作比较忙，但微信公众号一直在更新，谢谢工作室的各位同人！有大家在一起，我每天都感觉日子是充满阳光的！

省教育厅第四批名班主任工作室授牌及专项培训结束后，我们再一次在云端相聚，一起品味这份精神大餐。就像《小王子》里的那段话：如果你想造一艘船，先不要雇人去搜集木头，也不要给他们分配任何任务，而是去激发他们对海洋的渴望。我觉得我们对教育事业的那份执着，对教育未来的憧憬就像对海洋的渴望一样，这份渴望激励着我们不断努力，去寻找航海的船舶。一起努力，走在路上，我们必定能远航！

我的学生，我内心最柔软的地方，在我休假在家的这段日子里被你们暖化了。我不在的日子里，你们成长得很快！因为身体原因没法再坚持带你们，我心里很遗憾，却没有勇气说出口，甚至连声"再见"都没有说，就悄悄退出了大家的视线。但收到同学们和家长们的祝福后，我心里最柔软的那根弦还是会被拨动。在我心里，不管孩子们后来走到了哪里，他们始终都是我的学生，我都是他们的班主任！很感谢各位家长一直以来对我工作的支持和包容，尽管自己生气过、失望过，在各种压力的冲击下身心疲惫过，但我心中永不变的是对教师这个职业的敬畏和热忱。

我从没放弃过对班主任工作的研究和探索，内心至今还是会被同学们一声声亲切的"老师好"所融化，甚至后悔当初对他们要求"太过严格"。我如果再宽容一些，是不是他们会更加自觉呢？"金无足赤，人无完人。"我也在不断反思、进步和成长！再次感谢大家！你们的成长我都看在眼里，相信自己，你们最棒！

追梦人的世界里，没有容易二字。没有什么可以拒绝不竭的汗水，没有什么可以取代梦想的光芒。你日复一日的努力，会让你一步步接近你的梦想。或许，仍会遇到艰难，但走过艰难就是一种成长，艰难终将化作前行路上的光。或许，仍需爬坡过坎，但行至峰顶，回望那些咬牙坚持和努力的日子，终会发现，那是你岁月里最闪耀的勋章。

新的一年，新的开始；星霜荏苒，居诸不息；不忘来路，向阳生长。
2022年，愿我们踔厉奋发，笃行不怠！一起向未来！

附：写给孩子们的书信

成为河南省名班主任工作室主持人之后，我不断成长、成熟，我深刻认识到肩上所担负的使命。本章节收录了我和工作室成员的几封书信，亦是我们为学生的成长，特别是高三学子的成长所尽的绵薄之力。

给亲爱的同学们的一封信

河南省洛阳市第九中学　韩明月

亲爱的同学们：

这么长时间没见面，大家是否被各项工作"整晕"了？对我的催促是否也生厌了？个别"宝宝"交作业不那么积极，甚至对听课都有些敷衍了事，还打着"网上学习效率不高"的旗号为自己的偷懒找借口。

是的，亲爱的同学们，线上学习效率在一定程度上确实比不上线下课堂的学习效率，时间长了眼睛还受不了，但效率到底要低到哪里？有下限吗？会不会一下子低到了被窝里，太阳晒屁股都不起？这不是效率低，是压根没效率，而且这种低效率的元凶绝对不是网络课堂，而是你的懒惰！还记得南阳那位坐在房顶上蹭网看书的高三学子吧？希望每天早上叫醒你的不是闹钟和父母，而是你的梦想！

你们有梦想吗？亲爱的孩子们。这个问题是否让你觉得很突兀、很茫然？我眼前仿佛看到了一双双"迷茫"的眼睛。你的梦想是什么？

我的梦想更清晰了。作为一名班主任和政治老师，我希望用自己不断改进的教学理念和方法，不仅能让你们掌握理论知识，还能让你们更具爱国热情，在国家需要你们的时候英勇无畏、挺身而出。我希望你们都能掌握扎实的科学理论知识和专业知识，在危难时刻有面对挑战的底气。我希望你们珍惜生命、学会生活；我希望你们个个有知识、有文化、有勇气、有担当！

这不仅仅是我的梦想，也是千千万万个父母的梦想，更是祖国需要的担当民族复兴大任的时代新人的梦想！再过三十年，同学们正值壮年，都是国家的中流砥柱！希望你们长成一棵大树，能为身边的人遮风挡雨。到那时，我们的祖国国强民富，同学们各有所成，而我，笑看桃李芬芳。这便是我的梦想！

如果你也有梦想，或者说你只想做一个普普通通的劳动者，安安稳稳地工作生活，那么你也需要时刻保持清醒的头脑，学会自律。要学会珍惜，懂得感恩，不要喊累，不要嫌弃父母一次次的唠叨，这是多么甜蜜的负担啊！

幸运的是我们都很健康！所以不要逃避那点儿作业，现在未完成的"功课"，迟早都要做！不要浪费时间，给自己充充电，在家看本名著，读读散文，这也是一种向上的态度啊！

我这个月除了按时完成学校安排的工作之外，还读了三本书。同学们，你们读书了吗？常规的练习做完了吗？锻炼身体了吗？帮助父母做家务了吗？这些是小事却也是难题，只有行动起来，才有收获！任何困难都无法阻挡春天的脚步，让我们静下心来做好自己的事情，静待花开！加油！孩子们！

爱你们的韩老师
2020 年 2 月

（本文系河南教师官方微信平台推介作品，内容有删改）

一封家书
——写给安阳市汤阴县育才学校高三学子的一封信

河南省洛阳市第九中学　　韩明月

亲爱的同学们：

　　大家好。我是身在洛阳的安阳人韩明月老师，我和工作室的老师在洛阳为你们加油！

　　洛城飞霜雪，满目皆乡色。我和你们一样，思念家乡，盼见亲人；和你们一样，我从小生养在安阳这片土地上，十八岁之前从未离开。而今我在外地工作，仍心恋故土，不忘安阳学子身上的那股勇毅前行、团结协作、志存高远的精神。

　　我是那种不是很聪明但又好强的学生，从小在农村长大，坚信知识改变命运。我的高中班主任是数学老师，她不会说：长风破浪会有时，直挂云帆济沧海；也不会讲：千磨万击还坚劲，任尔东西南北风。但她会用很通俗的话告诉我们：能吃苦的人苦一阵子，不能吃苦的人怕是要苦一辈子；眉毛上的汗水和眉毛下的泪水必须选其一等。时至今日，这两句话依然是我工作学习中的座右铭。我也始终坚信，暂时的挫折更能促进自己快速的成长。同学们，我相信你们在师长亲友的关心关注下，一定能渡过难关、勇毅前行。

　　工作在外，每当有人问起，你们安阳有什么的时候，我都会骄傲地告诉他：我们有红旗渠——人工天河、新中国奇迹。同学们，红旗渠耗费了先辈们的巨大心血，也带来了源源不断的希望。同时，它又承载着先辈们自力更生、艰苦创业、团结协作和无私奉献的精神。希望我们一起传承发扬红旗渠精神。我坚信，只要我们密切配合、团结协作，一定能迎来属于我们的春天！

我相信同学们将快速成长，今后必成国之栋梁。在这里，我把时代楷模张桂梅老师所在的云南省丽江市华坪女子高中的誓词分享给大家，我们共勉之：我生来就是高山而非溪流，我欲于群峰之巅俯视平庸的沟壑。我生来就是人杰而非草芥，我站在伟人之肩蔑视卑微的懦夫！

　　我坚信万千安阳学子同心系国运，志存自高远；也期待牡丹花开日，龙门山下见。

来自洛阳的安阳人：韩明月

2022 年 1 月 23 日

一切都会好起来的
——写给安阳市汤阴县育才学校高三学子的一封信

河南省洛阳市第九中学　　高单单

我最亲爱的孩子们：

你们还好吗？

听说，你的城市，现在正纷纷扬扬地下着雪——孩子们，雪下得大吗？是片片状的吗，是树枝状的吗，还是和星星差不多的形状？

曾经，当我还是一个和你们差不多大的孩子的时候，我总是格外向往冬天和冬天里的雪——我喜欢在纯白无瑕的雪地上踩出一串又一串脚印；喜欢伸出手，感受雪花落在掌心时的清凉与浪漫；喜欢用手指在雪地上偷偷写下某个人的名字；喜欢肆无忌惮地把雪球砸向恰好路过的老师；喜欢把笑声和欢乐洒满整个操场……我最亲爱的孩子们，你们是不是也和我一样喜欢冬天呢？看着此刻飘落在窗外的雪，你们的嘴角是否会不自觉地扬起呢？

听他们说，你们已经好多天没见过自己的妈妈爸爸、老师、同学和小伙伴们了；听他们说，你们的世界，只剩下了孤单而难熬的一间房；听他们说，你们曾在别人看不到的时候偷偷抹过眼泪；听他们说，作为一名高三学子，你们为自己的未来焦虑得食不知味，夜夜难眠……我最亲爱的孩子们，此刻的你们，正经历着前所未有的磨难与挑战，对自身安全的担忧，对亲人好友的思念，对前途未来的惶惑，就像是一块又一块巨石，沉甸甸地压在你们尚未经历过太多风雨的心上……面对这一切，我的孩子们，你们害怕了吗？想要退缩了吗？

我的孩子们，人生就像是一场旅行，欢乐只是路上昙花一现的惊喜，而苦难和孤独才是让它变得五彩斑斓的阅历——还记得我曾给你们讲过的那些故事吗？

还记得在"举世皆浊我独清,众人皆醉我独醒"的孤独中苦苦挣扎,最终用他的忠肝义胆和满腔才华,成就了辉煌而卓越的一生的屈原吗?还记得"若是把我囚在巴士底狱或一间伸手不见五指的暗室里,我也仍然可以悠悠幻想"的卢梭吗?……我的孩子们,没有谁的人生是一帆风顺,也没有谁的人生永远都是晴空万里的。所以,不必为眼下的困境而忧虑,也不必因为失去了自由而烦闷。

正像《肖申克的救赎》中说的那样:"有一种鸟儿是永远也关不住的,因为它的每片羽翼上都沾满了自由的光辉。"我最亲爱的孩子们,无论眼下的你们正在经历着什么,都要时刻记得你们的理想,你们的目标,你们的责任。不要怨天尤人,也不要自暴自弃。你们的人生,还很长很长;而当下,只是通向未来的一级台阶。我的孩子们,一切取决于你们自己,是躺在泥坑里呼呼大睡,还是挣扎着勇敢前行……

我的孩子们,我相信,你们更加珍惜当下,珍惜这难得的孤独。我的孩子们,学习并不是件容易的事。所以,你们需要有"面壁十年图破壁"的决心和勇气,方能收获成功和掌声。

最后,用杨绛先生的这句话来作总结:"这个世上没有不带伤的人,无论什么时候,你都要相信真正能治愈你的,只有你自己。不去抱怨,不怕孤单,努力沉淀。世间皆苦,唯有自渡。"我最亲爱的孩子们,我相信,等春暖花开,再见到你们的时候,你们一定会比从前更坚定,更无畏,更勇敢!

就这样吧,我最亲爱的孩子们,期待你们早日回家!

永远爱你的老师
2022 年 1 月 23 日

从今开始心中又多了一个你

河南科技大学附属高级中学　　李冰

我们认为非常勇敢的孩子们：

你们好！

我是河南科技大学附属高级中学的一名班主任，也是新的高一班主任老师，今年刚刚带完高三毕业班。我叫李冰，通过河南省韩明月名班主任工作室得知大家的情况后，我想让我刚刚高三毕业的优秀学生——心路上，离你们最近的同龄人——与你们交流一下，希望你们能从中获得对你们应对当前困难有帮助的内容吧：

1

同学们：

你们好，我是河南科技大学附属高级中学 2021 届毕业生——王宇航，现在已经升入大学。

在这里跟大家分享一点学习经验：在高三这一年，关键的是复习，复习一定要按照自己的节奏，有自己的学习方法，不要随大流，不要别人做什么，自己便做什么。胜利从来不会站在盲目从众的一方，智慧属于冷静的智者。真心希望你们能够克服重重艰难险阻，完成自我突破，达成最终目标。祝福你们，我们与你们同在！

王宇航
2022 年 1 月 24 日

2

亲爱的同学们：

  你们好，我十分明白你们现在急切又痛苦的心情，因为去年的现在我也是高三学生。一方面，看着时间一天天过去，高考的日子也越来越近；另一方面，每天自己一个人孤独地学习……这些都让人感到恐慌、无助，感到迷茫，觉得未来无望。可我要说的是，这正是对我们的一次考验，一种磨炼。既来之，则安之。我们更应该抓住这次考验，在复习的同时提升自己的抗压能力。苏联著名教育学家马卡连柯说得好："坚强的意志——这不但是想什么就获得什么的本事，也是迫使自己在必要的时候放弃什么的本事。"安心而规律地作息，设定目标，围绕目标而非围绕时间来做计划。

  年轻时受过的所有的苦，都是我们成长路上值得骄傲的资本。殷忧启圣，这些挑战必将激发你的潜能，来成就你的梦想，使你成为这个伟大时代的见证者和亲历者。当你收到心仪大学的录取通知书的那一刻，你会觉得现在所有的努力、汗水、坚持都是值得的。大学有约，未来可期。加油，我们与你们同在。

刘成功

2022 年 1 月 24 日

3

安阳市汤阴县育才学校的同学们：

  你们好！

  我叫廉虹怡，是 2021 年的一名高三毕业生，一名刚经历了高考，步入大学的大一新生。

  我想说在这个关头最重要的是你的身体，好好吃饭，好好睡觉，甚至在室内简单地走动走动，把身体养好，用最好的状态迎接高考。不要陷入悲观情绪，一定要保持愉悦的心情，好多病都是愁出来的。良好的心情才是保持理智的源头。

附：写给孩子们的书信

　　如果我的这封信能让你们减少哪怕一点点的焦虑和恐惧，让你们知道有许多人都在关心你们，那么它也是有价值的。

　　最后，我想对你们说：你们是真正的勇士！对于勇士来说，再残酷的寒冬也只是短短一瞬，很快就会迎来美丽的春天。我与你们同在！

廉虹怡

2022 年 1 月 24 日

　　同学们，无论是心灵上、还是外部力量上，无论深夜、还是凌晨，我们同在！

　　期待你们的凯旋！相信你们自己是好样的！

李冰

2022 年 1 月 25 日

宝剑锋从磨砺出

河南省洛阳市第五十九中学　　吴宏利

亲爱的孩子们：

你们好！我是来自洛阳的吴宏利老师。高三的学习生活真的很辛苦，听闻你们的近况，作为一名高三班主任，我内心最柔软的地方再次沦陷了，心里满是对你们的牵挂和心疼！来，孩子们，允许不曾谋面的我抱抱你们吧！

艰难困苦，玉汝于成

孩子们，艰难困苦，玉汝于成！你们通过网络和语文学习素材积累了很多有关励志人物的故事，在这里我就不赘述了。我想轻轻地告诉你们，把这段困境看作磨砺心性的一个机会吧。愿你把握好生命中的每一天；相信经历过高三，你会更加珍惜和父母、老师、同学之间的情谊和缘分，更懂得合理擘画自己的人生蓝图。未来的你们一定会很感谢今天努力奋斗的自己。加油，别让自己的青春留下遗憾！

加油向未来

孩子们，我们的党和国家心里装着人民、时刻想着人民，生活在这样有人民情怀的国家，愿作为祖国花朵的你们调整好状态，牢记"奋斗是青春最亮丽的底色"的殷殷嘱托，满怀憧憬，一起向未来！

吴宏利

2022 年 1 月 25 日

坚定选择，拼搏过一生
——给安阳市汤阴县育才学校高三学子的一封信

河南省洛阳市宜阳县第一实验高级中学　　王姣敏

汤阴县育才学校的高三学子们：

你们好吗？

我是来自河南省韩明月名班主任工作室的一位老师。我在距离你三百多公里的洛阳市宜阳县为你加油！

虽素昧平生，但我一直在关注着你们。作为一个常年扎根高三一线的老师，我有几句话想对你们说。你们的学业和前途，归根结底要由自己掌控；你们的梦想和荣耀，归根结底要靠自己去争取。毕竟，将来要走什么路，都是你们自己的选择。

复习备考有三个阶段：第一个阶段是"坎儿"，第二个阶段是"坡"，第三个阶段是"峰"。从高二下学期的五六月份到高三上学期的一月份是第一轮复习阶段。这个阶段是一道"坎儿"，是一个夯实基础知识、构建知识框架的"厚积"过程。俗话说得好：基础不牢，地动山摇。如果这个阶段没有紧跟老师的节奏对课本基础知识进行"地毯式搜查"的话，那么在第二轮复习中，"洗碗效应"会很快显现出来，即"做题越多，错的越多"。大量的错题和考试失利给你们的自信心带来一种严峻的挑战。但如果这个坎儿你们扎扎实实地迈过去了，日后的你们不仅会收获"功力与日俱增"的快感，还会在二轮复习时进入一种"游刃有余"的美妙境界。

有人在困境和混乱中探寻真理，点亮希望，也有人在静好岁月中百无聊赖，浑浑噩噩……高考是考查知识、能力与素养的大考，请不要轻易放弃，以免抱憾终生。

汤阴的学子们，请不要浪费任何一次拼搏的机会，更不要错过任何一次成长。我相信，经历全力以赴、辛苦拼搏、努力奋斗后，你们一定能顺利通过此次人生大考，走向光明的未来！

来自洛阳的王姣敏老师
2022 年 1 月 25 日晚